Kauderwelsch
Band 124

Impressum

Hans-Ingo Radatz
Mallorquinisch — Wort für Wort
erschienen im
Reise Know-How Verlag Peter Rump GmbH
Osnabrücker Str. 79, D-33649 Bielefeld
info@reise-know-how.de

Bearbeitung Josef Overberg, Michael Blümke
Layout Günther Pawlak
Layout-Konzept Günter Pawlak, FaktorZwo! Bielefeld
Umschlag Peter Rump
Mallorquinisch Lektorat Prof. Dr. Jaume Corbera
Fotos Dr. Ulrike Brummert und Hans-Ingo Radatz
Druck und Bindung Fuldaer Verlagsanstalt GmbH & Co. KG, Fulda

ISBN-10: 3-89416-324-0
ISBN-13: 978-3-89416-324-2

Printed in Germany

Dieses Buch ist erhältlich in jeder Buchhandlung der BRD, Österreichs, der Schweiz und der Benelux. Bitte informieren Sie Ihren Buchhändler über folgende Bezugsadressen:

BRD Prolit GmbH, Postfach 9, 35461 Fernwald (Annerod) sowie alle Barsortimente
Schweiz AVA-buch 2000, Postfach 27, CH-8910 Affoltern
Österreich Mohr Morawa Buchvertrieb GmbH, Sulzengasse 2, A-1230 Wien
Belgien & Niederlande Willems Adventure, Postbus 403, NL-3140 AK Maassluis
direkt Wer im Buchhandel kein Glück hat, bekommt unsere Bücher zuzüglich Porto- und Verpackungskosten auch direkt über unseren Internet-Shop: **www.reise-know-how.de**

Zu diesem Buch ist ein **AusspracheTrainer** erhältlich, ebenfalls in jeder Buchhandlung der BRD, Österreichs, der Schweiz und der Benelux-Staaten.

Der Verlag möchte die **Reihe Kauderwelsch** weiter ausbauen und **sucht Autoren**!
Mehr Informationen finden Sie auf unserer Internetseite **www.reise-know-how.de/buecher/special/schreiblust-inhalt.html**

Kauderwelsch

Hans-Ingo Radatz

Mallorquinisch

Wort für Wort

Kauderwelsch-Sprechführer sind anders!

Warum? Weil sie Sie in die Lage versetzen, wirklich zu sprechen und die Leute zu verstehen.

Wie wird das gemacht? Abgesehen von dem, was jedes Sprachbuch bietet, nämlich Vokabeln, Beispielsätze etc., zeichnen sich die Bände der Kauderwelsch-Reihe durch folgende Besonderheiten aus:

Die **Grammatik** wird in einfacher Sprache so weit erklärt, dass es möglich wird, ohne viel Paukerei mit dem Sprechen zu beginnen, wenn auch nicht gerade druckreif.

Alle Beispielsätze werden doppelt ins Deutsche übertragen: zum einen **Wort-für-Wort**, zum anderen in „ordentliches" Hochdeutsch. So wird das fremde Sprachsystem sehr gut durchschaubar. Denn in einer fremden Sprache unterscheiden sich z. B. Satzbau und Ausdrucksweise recht stark vom Deutschen. Ohne diese Übersetzungsart ist es so gut wie unmöglich, schnell einzelne Wörter in einem Satz auszutauschen.

Die **Autorinnen** und **Autoren** der Reihe sind Globetrotter, die die Sprache im Land selbst gelernt haben. Sie wissen daher genau, wie und was die Leute auf der Straße sprechen. Deren Ausdrucksweise ist nämlich häufig viel einfacher und direkter als z. B. die Sprache der Literatur oder des Fernsehens.

Besonders wichtig sind im Reiseland **Körpersprache, Gesten, Zeichen** und **Verhaltensregeln**, ohne die auch Sprachkundige kaum mit Menschen in guten Kontakt kommen. In allen Bänden der Kauderwelsch-Reihe wird darum besonders auf diese Art der nonverbalen Kommunikation eingegangen.

Kauderwelsch-Sprechführer sind keine Lehrbücher, aber viel mehr als Sprachführer! Wenn Sie ein wenig Zeit investieren und einige Vokabeln lernen, werden Sie mit ihrer Hilfe in kürzester Zeit schon Informationen bekommen und Erfahrungen machen, die „taubstummen" Reisenden verborgen bleiben.

Inhalt

Konversation

Anhang

Der Mallorca-Tourismus hat sich in den letzten zehn Jahren zu einem gesellschaftlichen Phänomen entwickelt, das es in dieser Form noch nie zuvor gegeben hatte: Millionen von Deutschen besuchen die Insel jedes Jahr; immer mehr Menschen träumen von einem Lebensabend an „südlichen Stränden“ und verwirklichen ihn auch. Eine ganze Generation von Urlaubern beginnt, sich nicht mehr wie Urlauber, sondern eher wie wohlhabende Immigranten zu fühlen – und zu benehmen. Der Witz vom „17. Bundesland“ wird zusehends realer und Mallorca ist für Deutsche längst nicht mehr einfach nur „Ausland“.

Nun rächt es sich allerdings vielfach, daß die Mallorquiner seit dem Beginn des Tourismusbooms in den sechziger Jahren stets bemüht waren, ihren ausländischen Besuchern möglichst exakt das zu bieten, was diese erwarteten – und eben nicht das, was eigentlich charakteristisch mallorquinisch gewesen wäre. So erklärt es sich, daß das Mallorca-Bild der meisten deutschen Urlauber ungefähr so realistisch sein dürfte wie das Deutschland-Bild amerikanischer Oktoberfestbesucher. Das wichtigste Element mallorquinischer Eigenart ist gewiß die katalanische Sprache; erst über das Katalanische entdeckt man hinter der spanisch-internationalen Fassade die eigenständige Kultur eines Inselvolks, das noch bis vor wenigen Jahrzehnten nur über eine wöchentlich verkehrende Dampfschifflinie mit dem spanischen Festland verbunden war. Zwar muß man sich von einigen liebgewonnenen und pittoresken Versatzstücken „spanischer" Folklore trennen (Flamenco und Stierkampf sind nicht eben ur-mallorquinische Freizeitaktivitäten ...), doch wird man dafür reichlich durch die Erfahrung entschädigt, gerade dort, wo man schon alles zu kennen glaubte, Neues zu entdecken. Dazu möchte ich Sie, natürlich auch im Namen der Mallorquiner, herzlich einladen. In diesem Sinne: Willkommen auf dem „kleinen Felsen", wie die Einheimischen ihre Insel liebevoll nennen: **Benvenguts a sa Roqueta!**

Ich danke Herrn Prof. Dr. Jaume Corbera von der Universität de les Illes Balears für seine kritische Durchsicht der mallorquinischen Textteile.

Hans-Ingo Radatz

Hinweise zur Benutzung

Dieser Sprachführer gliedert sich in drei Hauptabschnitte:

Grammatik

Die **Grammatik** beschränkt sich auf das Wesentliche und ist so einfach gehalten wie möglich. Deshalb sind auch nicht alle Ausnahmen und Unregelmäßigkeiten der Sprache erklärt. Wer nach der Lektüre dieses Büchleins tiefer in die Grammatik der katalanischen Sprache eindringen möchte, findet im Anhang Hinweise auf weiterführende Literatur. Es ist zwar sinnvoll, den Grammatikteil zumindest einmal zu überfliegen, doch können Sie auch sofort mit dem Konversationsteil beginnen und die Grammatik nur zum Nachschlagen verwenden.

Konversation

Konversation: In diesem Teil finden Sie Sätze aus dem Alltagsgespräch, die Ihnen einen ersten Eindruck davon vermitteln sollen, wie die katalanische Sprache „funktioniert" und die Sie auf das vorbereiten sollen, was Sie später auf Mallorca hören werden – denn was man vorher schon einmal gelesen hat, versteht man später viel leichter. Sowie man sich auch nur ein wenig vom Allerallgemeinsten entfernt, wird es unwahrscheinlich, daß Sie exakt den gewünschten Satz hier finden werden. Benutzen Sie die Beispielsätze also auch als Fundus von Satzschablonen und -mustern, die Sie selbst Ihren Bedürfnissen anpassen. Damit Sie die Wortfolge in den katalanischen Beispielsätzen nachvollziehen können, ist eine Wort-für-Wort-Übersetzung in kursiver Schrift ergänzt. Jedem katalanischen Wort entspricht ein Wort in der Wort-für-Wort-Übersetzung. Wörter, die hier in Klammern stehen, sind für das Verständnis ergänzt worden, z. B.:

Som alemany.
(ich-)bin Deutscher
Ich bin Deutscher.

Wird ein katalanisches Wort im Deutschen durch zwei Wörter übersetzt, werden diese zwei Wörter in der Wort-für-Wort-Übersetzung mit einem Bindestrich verbunden, z. B.:

des port
von-der Hafen
des Hafens

Mit Hilfe der Wort-für-Wort-Übersetzung können Sie die Beispielsätze leicht Ihren eigenen Bedürfnissen anpassen. Selbst wenn die Ergebnisse nicht immer perfekt ausfallen sollten, wird man Sie gewiß verstehen.

Die **Wörterlisten** am Ende des Buches helfen Ihnen dabei. Sie enthalten einen Grundwortschatz Deutsch-Mallorquinisch und Mallorquinisch-Deutsch von je ca. 1.000 Wörtern, mit denen man schon eine Menge anfangen kann.

Katalanisch und die Sprachen Spaniens

Das moderne Spanien ist kein Zentralstaat wie Frankreich oder Großbritannien, sondern gliedert sich, ähnlich wie die Bundesrepublik Deutschland, in autonome Regionen, die in mancher Hinsicht unseren Bundesländern vergleichbar sind. In vielen dieser Regionen gibt es neben dem Spanischen (Kastilischen) noch eine weitere Amtssprache: In Galicien ist dies **das Galicische** mit über zwei Millionen, im Baskenland und in Navarra **das Baskische** mit etwa 500.000, und in Katalonien, den Balearen und im Land València **das Katalanische** mit etwa acht, nach anderen Angaben über zehn Millionen Sprechern. Katalanisch ist damit keineswegs eine kleine Sprache. Tatsächlich haben mindestens 14 europäische Sprachen weniger Sprecher, darunter Dänisch, Finnisch, Isländisch, Litauisch, Norwegisch und Slowakisch.

Katalanisch ist eine romanische Sprache und somit verwandt mit dem Französischen, Spanischen, Italienischen etc. Für einen Spanischsprecher klingt Katalanisch daher ungefähr so vertraut (oder fremd) wie für uns das Niederländische: Man merkt die Verwandschaft und versteht auch einiges, hat aber doch das Gefühl, daß es sich um zwei verschiedene Sprachen handelt.

Die Literaturtradition des Katalanischen geht bis ins 13. Jahrhundert zurück, und einer der berühmtesten mittelalterlichen Schriftsteller war der Mallorquiner Ramon Llull (lateinisch: Raimundus Lullus). Nicht zuletzt aufgrund dieser alten Schreibtradition ist das geschriebene Katalanische eine relativ einheitliche Sprache. Mit der Entstehung eines zentral regierten, einheitlichen spanischen Staats zu Beginn des 18. Jahrhunderts faßte in den bis dahin praktisch einsprachigen katalanischen Ländern auch das Spanische als Bildungssprache Fuß, und das Katalanische sank für zwei Jahrhunderte zu einer fast nur noch gesprochenen Volkssprache herab. Auf diese Zeit der sogenannten decadència folgte ab der Mitte des 19. Jahrhunderts die Wiedergeburt (renaixença) des Katalanischen als Literatursprache, eine Bewegung, die allerdings in Katalonien viel stärker war als in València und auf den Balearen.

Der Verlust der katalanischen Schriftsprache während der sogenannten decadència brachte es mit sich, daß die einfachen Leute der einzelnen Gebiete katalanischer Sprache im Laufe der Zeit das Bewußtsein sprachlicher Einheit verloren. Man sprach zu Hause und im Alltag seinen jeweiligen katalanischen, mallorquinischen oder valencianischen Dialekt, verwendetete aber für alles Offizielle und Überregionale das Spanische, das in der Schule wie eine Fremdsprache unterrichtet wurde. So erklärt sich die Haltung vieler Mallorquiner zu ihrer eigenen Sprache. Sie lieben sie zwar, finden es aber völlig normal, daß wichtige Transaktionen auf Spanisch abgewickelt werden. Da sie in der Schule nur auf Spanisch schreiben gelernt haben, empfinden sie die anderen katalanischen Dialekte (einschließlich der Schriftsprache!) als fremd; und schließlich wehrt man sich vielfach gegen die Bezeichnung „Katalanisch" und zieht es vor, stattdessen „Mallorquinisch" (mallorquí) zu sagen.

Schule und Massenmedien beginnen erst langsam, diese Vorurteile abzubauen; insofern ist dieser spezifisch auf die mallorquinische Umgangssprache abgestellte Sprachführer sicher am besten geeignet, bei den Mallorquinern uneingeschränkte Sympathie auszulösen. Die tatsächlichen Unterschiede zwischen dem Schriftkatalanischen und dem Mallorquinischen sind demgegenüber längst nicht so wichtig und in jedem Fall geringer als die Dialektunterschiede im Deutschen:

Schriftdeutsch	Mein Wagen ist nicht angesprungen, ausgerechnet heute, wo ich es so eilig habe.
Schwiizertüütsch	Min Wage isch nöd aachoo, uusgrächnet hüt, wonis so prässant han.
Schriftkatalanisch	El meu cotxe no ha arrencat, i això avui que tinc tanta pressa.
gesprochenes Mallorquinisch	Es meu cotxo no ha arrencat, i això avui que duc tanta de pressa.

Die Sprachverhältnisse auf den Balearen

Ein traumatischer Rückschlag für das Katalanische war der Sieg General Francos im Spanischen Bürgerkrieg und die darauffolgenden Jahrzehnte der Diktatur, während derer der öffentliche Gebrauch des Katalanischen verboten war; erst die Wiedereinführung der Demokratie in der 70er Jahren been-

dete diesen absurden Zustand. Heute bildet die Insel Mallorca zusammen mit Menorca, Eivissa (Ibiza) und Formentera die autonome Region Illes Balears (Balearische Inseln), deren Landesverfassung ausdrücklich das Katalanische als die Landessprache nennt "la llengua pròpia"; das Spanische ist Staatssprache Spaniens und damit als zweite Amtssprache auf den Balearen ebenfalls offiziell. Dem rechtlichen Status nach müßte das Katalanische demnach auf den Balearen eigentlich völlig gesichert sein. Warum dies dennoch bei weitem nicht der Fall ist, läßt sich nur aus der jüngeren Geschichte der Inseln verstehen.

Das bereits angeschlagene kulturelle Selbstbewußtsein der Mallorquiner ist durch die jüngste Geschichte noch weiter geschwächt worden: In den sechziger Jahren begann der internationale Mallorca-Tourismus solche Ausmaße anzunehmen, daß immer mehr Arbeitskräfte vom Festland benötigt wurden, um der Touristenscharen Herr zu werden. Noch 1960 waren Festlandspanier auf der Insel so selten gewesen, daß sie im Ort meist unter Spitznamen wie es Murciano („der Murcianer", d. h. „der aus Murcia") o. ä. bekannt waren. Die Integration solcher forasters (eigentlich „Fremde"; ist aber nicht so abschätzig gemeint, wie es klingt) war unproblematisch und bestand nicht zuletzt darin, daß die Zuwanderer die Landessprache erlernten.

Die Sprachverhältnisse auf den Balearen

Den Einwanderungsströmen der letzten Jahrzehnte war die Integrationskraft der ohnehin sehr toleranten Mallorquiner indes nicht gewachsen; die schiere Masse der Zuwanderer in Verbindung mit der antikatalanischen Staatsideologie der Franco-Diktatur schuf ein Klima, in dem zusehends die Einheimischen angehalten waren, sich den Zuwanderern anzupassen. So kommt es, daß heute die Mallorquiner allesamt gut Spanisch sprechen, die Neu-Mallorquiner dagegen nur in Ausnahmefällen auch das Katalanische beherrschen. Der neue offizielle Status des Katalanischen, den die Demokratie mit sich gebracht hat, konfrontiert die Zuwanderer nun mit einer kulturellen Realität ihrer neuen Heimat, die unter Franco mit allen Mitteln aus dem öffentlichen Leben verbannt worden war; Familien, die oft schon seit dreißig oder mehr Jahren auf der Insel leben und (abgesehen von der Sprache) längst vollständig gesellschaftlich integriert sind, werden dadurch nun auf ein Problem gestoßen, von dem man ihnen bei ihrer Einwanderung gesagt hatte, es existiere überhaupt nicht: Kann man Mallorquiner sein, ohne die Landessprache zu sprechen? Auf diese Frage gibt es keine einfache Antwort. Jedenfalls befindet sich Mallorca heute in einer Umbruchsituation: Entweder es gelingt, die Neu-Mallorquiner davon zu überzeugen, daß das Mallorquinische auch ein Stück ihrer eigenen Identität ist – oder die

Sprache wird zu einem folkloristischen Relikt, das nur noch am heimischen Herd der wenigen Familien gesprochen wird, die ihren Stammbaum bis auf König Jaume den Eroberer zurückführen können. In dem Maße, in dem Mitteleuropäer auf Mallorca Ferienhäuser kaufen und dort mehr als nur Kurzbesucher werden, müssen auch sie in diesem Konflikt Stellung beziehen: Lernt man nun Spanisch oder Katalanisch? Daß die Entscheidung nicht automatisch auf das Spanische fällt, dafür möchte ich mit diesem Buch werben.

Die Aussprache des Mallorquinischen

Konsonanten (Mitlaute)		
h	stets „stumm“	**hora** (Stunde) [*åre*], **l'hora** (die Stunde) [*låre*], **hi ha** (es gibt) [*(i)ja*]
l	dunkles „l“	Im Gegensatz zum spanischen (und deutschen) „l“ ist das mallorquinische ein dunkles „l“ und wird so ausgesprochen wie in den englischen Wörtern „ball“, „child“ oder wie im Wort „Kölsch“, wenn es ein Kölner ausspricht.
ll	„lj“	**Mallorca** [*me-ljår-ke*]; „ll“ erscheint auch am Wortanfang und -ende: **llum** (Licht) [*ljum*], **fill** (Sohn) [*filj*]
l.l, tl	langes, dunkles „l“	**excel.lent** (exzellent) [*ekßell-lent*], **batle** (Bürgermeister) [*ball-le*]
ny	„nj“	**aranya** (Spinne) [*e-ra-nje*]. Erscheint oft auch am Wortende: **puny** (Faust) [*punj*].
(i)x	„sch“	**xocolata** (Schokolade) [*schokolate*]. Ein voranstehendes „i“ wird meistens nicht gesprochen: **baix** (niedrig) [*basch*].
tx	„tsch“	**Andratx** [*andratsch*]
b, d, g	zwischen Vokalen „gerieben“	„b“, „d“ und „g“ werden zwischen Vokalen als stimmhafte Reibelaute gesprochen; „b“ wird dadurch zu [*w*], „d“ zu einem th-Laut wie in engl. „father“ und „g“ wird oft gerieben wie ein dt. „r“, (deshalb das katalanische „r“ immer als

		Zungenspitzen-r sprechen): **trobar** (finden) [*trova*], **nedar** (schwimmen) [*netha*]
aig	„atsch“	**maig** (Mai) [*matsch*]
eig	„etsch“	**lleig** (häßlich) [*ljetsch*]
oig	„otsch“	**roig** (rot) [*rrotsch*]
uig	„utsch“	**puig** (Hügel) [*putsch*]
r	am Wortanfang	langes Zungen-r Am Wortanfang ist „r“ stets kräftig gerollt: **ric** (reich) [*rrik*].
r	im Wort	langes / kurzes Zungen-r Im Wort wird ein stark gerolltes („rr“) und ein nur einmal kurz angestoßenes („r“) unterschieden; das kurze „r“ ähnelt eher einem deutschen „d“: **moro** (Maure) [*måro*], **morro** (Lippe) [*mårro*]
r	am Wortende	nicht gesprochen „r“ am Wortende wird nicht gesprochen, zieht aber die Betonung auf die letzte Silbe: **cantar** (singen) [*kenta*], **primer** (erster) [*prime*]
s	am Wortanfang	stimmlos wie „ß“ **sala** (Raum) [*ßale*]; nie stimmhaft wie in „Saal“
s	zwischen Vokalen	stimmhaftes „s“ Stimmhaft wie in „Rose“: **rosa** (Rose) [*rråse*]
ss, c, ç	zwischen Vokalen	stimmlos wie „ß“ **massa** (zuviel) [*masse*], **traça** (Spur) [*trasse*], **bicicleta** (Fahrrad) [*bißiklœte*]

Die Aussprache des Mallorquinischen

Die Aussprache von **c, qu** und **g** ist genauso geregelt, wie im Französischen und hängt davon ab, ob ein „heller" Vokal (e, i) oder ein „dunkler" Vokal (a, o, u) folgt. Die Buchstaben **j** und **ç** stehen nur vor dunklen Vokalen.

que	ke	**querosè** (Kerosin) [*kerosä*]
qui	ki	**quilo** (Kilo) [*kilo*]
ca	ka	**casa** (Haus) [*kase*]
co	ko	**cosa** (Sache) [*kåse*]
cu	ku	**cura** (Sorgfalt) [*kure*]
ce	ße	**cera** (Wachs) [*ßäre*]
ci	ßi	**cim** (Gipfel) [*ßim*]
ça	ßa	**traça** (Spur) [*trasse*]
ço	ßo	**cançó** (Lied) [*kennßo*]
çu	ßu	**traçut** (geschickt) [*tressut*]
gue	ge	**gueto** (Ghetto) [*getto*]
gui	gi	**guitarra** (Gitarre) [*gitarre*]
ga	ga	**gas** (Gas) [*gas*]
go	go	**gorra** (Mütze) [*gårre*]
gu	gu	**gust** (Geschmack) [*gust*]
ge	~~sch~~e	**germà** (Bruder) [*~~sch~~erma*], ~~sch~~ bezeichnet hier den stimmhaften französischen Laut wie das zweite „g" in „Garage"
gi	~~sch~~i	**naufragi** (Schiffbruch) [*naufra~~sch~~i*]
ja	~~sch~~a	**jardí** (Garten) [*~~sch~~ardi*]
jo	~~sch~~o	**Joan** (Johann) [*~~sch~~oan*]
ju	~~sch~~u	**jutge** (Richter) [*~~sch~~udd~~sch~~e*]

tge	~~dsch~~e	**metge** (Arzt) [*mä~~dsch~~e*], Aussprache wie in „**Dsch**ungel"!
tgi	~~dsch~~i	**massatgista** (Masseur) [*meßa~~dsch~~ißte*]
tja	~~dsch~~a	**platja** (Strand) [*pla~~dsch~~e*]
qüe	ku-e	**qüestió** (Fragestellung) [*kuäßtio*], „ü" steht hier nicht für den entsprechenden deutschen Laut, sondern zeigt an, daß das „u" gesprochen werden soll!
qüi	ku-i	
qua	ku-a	
güe	gu-e	
güi	gu-i	**pingüí** (Pinguin) [*pingui*]

Ein wichtiges und charakteristisch mallorquinisches Phänomen ergibt sich, wenn aus irgendeinem Grunde zwei „s"- oder „sch"-Laute aufeinandertreffen. Das geschieht besonders oft beim Artikel es, sa, ses usw. Bei Kontakt von zwei „s" wird das erste als „t" gesprochen!

ses sabates
ssetßebates
die Schuhe

tres-centes cinquanta piscines
treßentetßinkuanta pitßines
350 Schwimmbäder

Das geschieht auch bei sch und ~~sch~~:

Gràcies, Xavier.
graßit schabie
Danke, Xaver.

ses regles des joc
sserräggles ded~~sch~~åk
die Spielregeln

Mallorquiner beachten diese Regel völlig unbewußt und wenden sie sogar auf andere Sprachen an; wenn Sie also Doris Schulz heißen, werden Sie für die Mallorquiner unweigerlich zu *dåritschuls*.

Kauderwelsch-AusspracheTrainer
Falls Sie sich die wichtigsten mallorquinischen Sätze, die in diesem Buch vorkommen, einmal von einem Mallorquiner gesprochen anhören möchten, kann Ihnen Ihre Buchhandlung den ***AusspracheTrainer*** *zu diesem Buch besorgen. Sie bekommen ihn auch über unseren Internetshop* ***www.reise-know-how.de*** *Alle Sätze, die Sie auf dem* ***Kauderwelsch-AusspracheTrainer*** *hören können, sind in diesem Buch mit einem gekennzeichnet.*

Vokale (Selbstlaute)

Die Aussprache katalanischer Vokale hängt wesentlich davon ab, ob sie betont oder unbetont sind; unbetonte Vokale werden allgemein abgeschwächt artikuliert. Es ist daher wichtig, die betonte Silbe ermitteln zu können, und dafür gibt es einige Grundregeln: Vokale mit Akzentzeichen, d. h. **à**, **é**, **ò**, sind immer betont. Daher haben zwar nicht alle katalanischen Wörter einen Akzent, aber, anders als im Französischen, gibt es auch keines, das mehr als einen Akzent trägt. Also: Wo der Akzent steht, liegt auch die Betonung:

Sóller, Artà, Alcúdia

Trägt das Wort keinen Akzent, hängt die Betonung davon ab, ob es auf Konsonant oder auf Vokal endet. Steht am Ende ein Vokal, wird die vorletzte Silbe betont:

Peguera, Inca, Pollença

Wörter, die auf Konsonant enden, sind dagegen meistens endbetont:

Llucmajor, Andratx, s'Arenal

Bei „e" und „o" unterscheiden die Akzente zudem noch zwischen der offenen (**è**, **ò**) und der geschlossenen (**é**, **ó**) Aussprache (Näheres unten).

a, **i**, **u** bzw. **à**, **í**, **ú** (betont)	a, i, u Wie im Deutschen.
é, **è**, **e** (betont)	1. geschlossenes „e" 2. offenes „ä" 3. „ö"-Laut [œ] Betontes „e" kann im Mallorquinischen drei verschiedene Klangqualitäten haben; die genaue dialektale Aussprache ist leider aus dem Schriftbild oft nicht zu erkennen. – **é** ist meistens ein geschlossenes „e" wie in dtsch. „lesen" (allerdings kürzer als im Deut-

	schen): **nét, Déu, temps** (*neet, dee-u, teens*); – **è** ist dagegen ein offenes „ä“ wie in englisch „cat“: **cafè, pèrdua, perdre** (*kefä, pärdua, pärdre*) – daneben gibt es aber auch noch einen typisch mallorquinischen Laut des betonten „e“, der vergleichbar ist mit dem „œ“ in frz. „cœur“ oder den Vokalen in engl. „bird“ oder „word“: **trompeta, sebre, vostè** (*trompœte, ssœbre, wostœ*)
ó, **ò**, **o** (betont)	1. geschlossenes „o“ 2. offenes „o” [*å*] – **ó** ist ein geschlossenes „o“ wie in „Rose“: **cançó** (*kenßoh*) – **ò** ist ein extrem offenes „o“, noch offener als in „Wort“ und eher wie in engl. „hall“: **això, cosa, porta** (*eschå, kåse, pårte*)
a, **e** (unbetont)	schwaches „e“ wie in „bitte“ Unbetont werden **a** und **e** ununterscheidbar und klingen wie das End-„e“ deutscher Wörter. Mall. **casa** (Haus) reimt sich daher mit dt. „Hase“, mall. **pare** (Vater) reimt sich mit dt. „Paare“.
i, **o**, **u** (unbetont)	i, o, u Wie im Deutschen.
eu, **ei**	ä-u, ä-i Nicht wie im Deutschen als „oi“ und „ai“, sondern als schnelle Folge der beiden Vokale.

Vier Ausdrücke, die weiterhelfen

Cerc ...	**Ich suche ...**
Cerc s'hotel Jaume Primer.	Ich suche das Hotel Jaume Primer
Cerc un restaurant.	Ich suche ein Restaurant.
Cerc es servicis.	Ich suche die Toiletten.

Um bei der Antwort nicht ausschließlich auf Gesten angewiesen zu sein, sollten Sie sich noch die Ausdrücke a la dreta *(rechts),* a l'esquerra *(links) und* recte *bzw.* tot dret *(geradeaus) merken.*

Wenn Sie wissen möchten, ob es in einem Laden etwas bestimmtes gibt, können Sie (mit Hilfe der Wörterliste am Ende des Buches) die Frage so stellen:

Tenen ...?	**Haben Sie ...?**
Tenen segells?	Haben Sie Briefmarken?
Tenen vi negre?	Haben Sie Rotwein?
Tenen fruita?	Haben Sie Obst?

Die Antwort lautet dann sí (ja) oder no (nein).

Quant és ...?	**Was kostet ...?**
Quant és això?	Was kostet das da?
Quant és es menú?	Was kostet das Menü?
Quant és es bitllet?	Was kostet die Fahrkarte?

Die Zahlen stehen auf Seite 64.

Voldria ...	**Ich möchte ...**
Voldria pagar.	Ich möchte zahlen.
Voldria telefonar.	Ich möchte telephonieren.
Voldria un cafè.	Ich möchte einen Kaffee.

Pl. Espanya
of. Turism
Ajunta
Correu
Seu Cat

Substantive (Hauptwörter)

Geschlecht

Katalanische Substantive sind entweder **maskulin** (männlich, m) oder **feminin** (weiblich, w), wobei man ihnen äußerlich ihr Geschlecht meist nicht ansehen kann: **sa font** (w – die Quelle), aber **es pont** (m – die Brücke). Man muß daher das Geschlecht eines Wortes für gewöhnlich von Anfang an mitlernen – am besten, indem man sich das Wort gleich mit dem Artikel zusammen merkt, an dem das Geschlecht in den meisten Fällen eindeutig abzulesen ist.

Substantive (Hauptwörter)

Wenn man auch vielen Wörtern ihr Geschlecht äußerlich nicht ansehen kann, so gibt es doch einige Merkmale, an denen man ein bestimmtes Geschlecht erkennen kann. So sind Substantive auf **-a**, **-tat** und **-ió** fast immer **weiblich**, die meisten auf **-ment** dagegen **männlich**.

sa casa	das Haus
sa dona	die Frau
sa llibertat	die Freiheit
sa ciutat	die Stadt
sa reunió	die Versammlung
sa col.lecció	die Sammlung

es parlament	das Parlament
es testament	das Testament

Wie immer bestätigen hier natürlich die **Ausnahmen** die Regel. Die wichtigsten sind:

Ausnahmen

es poeta	der Dichter
es turista	der Tourist
es problema	das Problem
es camió	der Lastwagen
s'avió (m)	das Flugzeug

Grammatik-Bezeichnungen

Auch wenn in den Bänden der Kauderwelsch-Reihe weitgehend auf lateinische Grammatik-Bezeichnungen verzichtet wird, ist es dennoch möglich, daß man gelegentlich auf einen mehr oder weniger unverständlichen Ausdruck stößt. Für alle, die in der Schule nur die deutschen Bezeichnungen gelernt haben, hier eine kleine Orientierungshilfe:

Singular	Einzahl
Plural	Mehrzahl
Substantiv	Hauptwort (Apfel, Katze)
Adjektiv	Eigenschaftswort (schön, alt – ein guter Sänger)
Adverb	Umstandsbestimmung (gern, immer – er singt gut)
Verb	Tätigkeitswort (arbeiten, waschen)
Präsens	Gegenwart (ich wasche)
Futur	Zukunft (ich werde waschen)
Imperfekt	einfache Vergangenheit (ich wusch)
Perfekt	zusammengesetzte Vergangenheit (ich habe gewaschen)
Plusquamperfekt	Vorvergangenheit (ich hatte gewaschen)
Personalpronomen	persönliches Fürwort (ich, du)
Demonstrativpronomen	hinweisendes Fürwort (dieser, jener)
Possessivpronomen	besitzanzeigendes Fürwort (mein, dein)
Reflexivpronomen	rückbezügliches Fürwort (ich wasche mich)
Präposition	Verhältniswort (in, auf)
Konjunktion	Bindewort (und, aber)

Mehrzahl

Die Bildung der Mehrzahl ist bei katalanischen Hauptwörtern erfreulich einfach. Generell wird einfach ein **-s** an die Einzahlform gehängt: es port (der Hafen) wird zu es ports (die Häfen).

Endet das Wort in der Einzahl auf **-a**, so lautet die Endung in der Mehrzahl stets **-es** (niemals -as!): sa dona (die Frau) wird zu ses dones (die Frauen), es poeta (der Dichter) wird zu es poetes (die Dichter).

Bei Wörtern, die bereits in der Einzahl auf **-s** enden, ist das Anhängen eines weiteren „s" natürlich schwierig. Die Mallorquiner behelfen sich mit einem eingeschobenen „o", das die Aussprache erleichtert: es pis (die Wohnung) wird daher in der Mehrzahl zu es pisos (die Wohnungen).

Eine letzte Ausnahme bilden die Wörter auf **-ió**. Wenn man z. B. ein Wort wie estació (Station) betrachtet und mit dem entsprechenden deutschen Wort vergleicht, sieht man sofort, daß es ursprünglich einmal ein „-n" am Ende gehabt haben muß. Dieses „-n", das im Katalanischen in der Einzahl überall verschwunden ist, taucht in der Mehrzahl wieder auf, d. h. die Mehrzahl von estació ist nicht „estaciós" sondern estacions (entsprechend: avió/avions, camió/camions, preparació/preparacions ...).

Artikel

In seinen Artikeln weicht der mallorquinische Dialekt am stärksten vom Standardkatalanischen ab. Man verwendet hier in der Umgangssprache zumeist den balearischen Artikel es/sa, den Festlandkatalanen als sehr „exotisch" empfinden. Die Formen des balearischen Artikels richten sich nach zwei Faktoren: dem grammatischen Geschlecht des Substantivs und dem Laut, mit dem es beginnt:

In Anlehnung an die Femininform sa *bezeichnet man das Mallorquinisch-Sprechen auch als* salar *(= sprechen mit „sa", aber auch: „salzen") bzw.* xerrar salat.

	Singular	Plural	Singular vor Vokal	Plural vor Vokal
(m)	**es port**	**es ports**	**s'homo**	**ets homos**
	der Hafen	die Häfen	der Mann	die Männer
(w)	**sa dona**	**ses dones**	**s'al.lota**	**ses al.lote**
	die Frau	die Frauen	das Mädchen	die Mädchen

Vor Vokal (a, e, i, o, u) wird der Artikel im Singular in den meisten Fällen verkürzt zu s'; die vollen Formen es und sa erscheinen dagegen vor Konsonant (p, t, c, d ... etc.). Da der Buchstabe h stets stumm ist, werden Wörter, die mit einem „h" beginnen, wie die mit Vokal beginnenden behandelt: s'homo. Es gibt von dieser Regel zwar einige wenige Ausnahmen, die uns hier jedoch nicht bekümmern sollen. Im Plural ist der weibliche Artikel stets derselbe; der männliche Artikel dagegen hängt wieder vom Anfangslaut des Substantivs ab. Vor Konsonant lautet die Form es, wie im Singular: Mißverständnisse kommen trotzdem nicht auf, weil ja die Endung des Substantivs immer noch zweifelsfrei den Plural anzeigt. Vor Vokal oder „h" lautet der Artikel ets. Er verschmilzt in der Aussprache mit dem Substantiv und klingt wie *ödds*: ets homos (*öddzommos*).

Neben dem balearischen Artikel gibt es auch noch den sogenannten „literarischen" Artikel el, la, l', els, les. *Er wird grundsätzlich nur im Schriftkatalanischen verwendet, kommt aber in Verbindung mit bestimmten Ausdrücken auch im gesprochenen Mallorquinisch vor, vor allem bei der Angabe der Uhrzeit (siehe Kapitel „Zeitangaben", Seite 67).*

Der unbestimmte Artikel (ein, eine) lautet:

Einzahl		Mehrzahl	
männlich	weiblich	männlich	weiblich
un (ein)	**una** (eine)	**uns**	**unes**

Der unbestimmte Artikel hat im Deutschen keine Mehrzahl; im Katalanischen wird er in der Mehrzahl benutzt im Sinne von „ein paar" oder „einige" (uns cotxos = einige Autos).

Persönlicher Artikel

Personennamen werden im Mallorquinischen regelmäßig mit dem sogenannten persönlichen Artikel verwendet:

en Jordi = Georg
na Margalida = Margarethe
n'Antoni = Anton
n'Antònia = Antonia

Die Formen lauten also en bei männlichen und na bei weiblichen Namen; vor Vokal reduzieren sich beide auf n'.

Hinweisende Fürwörter

Die Demonstrativpronomen aquest und aquell (dieser hier bzw. dieser dort) stehen meistens vor dem Substantiv:

	Singular	Plural
(m)	**aquest (aquell) tassó** dieses Glas hier (... dort)	**aquests (aquells) tassons** diese Gläser hier (... dort)
(w)	**aquesta (aquella) tassa** diese Tasse hier (... dort)	**aquestes (aquelles) tasses** diese Tassen hier (... dort)

Sie können aber auch ohne ein Substantiv benutzt werden und entsprechen dann dem deutschen „dieses hier" bzw. „dieses dort".

Quina tassa vols?	Welche Tasse willst du?
Vull aquesta. / Aquella.	Ich will diese (hier). / Diese dort.

Um diese Wörter verwenden zu können, muß man natürlich das Geschlecht des Substantivs kennen, auf das sie sich beziehen. Wenn man es aber nicht kennt oder aber nicht weiß, wie man eine Sache benennen soll, benutzt man einfach das höchst nützliche Wort això, „dies da" bzw. „das da" (Aussprache: *eschó* mit einem sehr offenen „o" wie im deutschen Wort „Ort"): Vull això. (Ich will das da.).

Possessivpronomen (Besitzanzeigende Fürwörter)

Um Besitz auszudrücken, verwendet das Mallorquinische eine Reihe besitzanzeigender Fürwörter, die stets in Verbindung mit dem Artikel gebraucht werden. Statt „mein Auto" sagt man also „das mein Auto", statt „ihr Auto" „das ihr Auto":

	besessene Sache maskulin		besessene Sache feminin	
	Singular	Plural	Singular	Plural
ich	**es meu**	**es meus**	**sa meva**	**ses meves**
du	**es teu**	**es teus**	**sa teva**	**ses teves**
er/sie	**es seu**	**es seus**	**sa seva**	**ses seves**
wir	**es nostro**	**es nostros**	**sa nostra**	**ses nostres**
ihr	**es vostro**	**es vostros**	**sa vostra**	**ses vostres**
sie	**es seu**	**es seus**	**sa seva**	**ses seves**

es nostros tassons	unsere Gläser
sa teva tassa	deine Tasse
ses vostres amigues	eure Freundinnen

Adjektive (Eigenschaftswörter)

Adjektive nehmen im Katalanischen, ähnlich wie im Deutschen, die gleiche Form an wie das Substantiv, auf das sie sich beziehen:

	Singular	Plural
(m)	**es tassó ple** das volle Glas	**es tassons plens** die vollen Gläser
(w)	**sa tassa plena** die volle Tasse	**ses tasses plenes** die vollen Tassen

Die Endungen sind generell sehr regelmäßig: Zu der Grundform tritt als **weibliche Endung** immer ein **-a** hinzu, im **Plural** ein **-s**; **weiblich Plural** endet, wie auch bei den Substantiven, stets auf **-es**: petit, petits, petita, petites (klein).

Eine sehr häufige Ausnahme bilden die Adjektive die auf betonten Vokal auslauten (wie z. B. ple *= voll); hier ist im männlich Singular ein* -n *fortgefallen, das in allen anderen Formen wieder auftaucht (dasselbe Phänomen gibt es auch bei den Substantiven!).*

Einige Adjektive unterscheiden nur Singular und Plural, während die männlichen und weiblichen Formen übereinstimmen, so z. B. „interessant“:

un llibre interessant	ein interessantes Buch
dos llibres interessants	zwei interessante Bücher
una revista interessant	eine interessante Zeitschrift
dues revistes interessants	zwei interessante Zeitschriften

Adjektive (Eigenschaftswörter)

Man sieht, daß im Katalanischen das Adjektiv normalerweise nach dem Substantiv steht. Einige wenige, aber recht häufig verwendete Eigenschaftswörter werden jedoch üblicherweise vorangestellt: gran (groß), primer (der/die/das erste), millor (der/die/das beste) usw.:

un gran amor	eine große Liebe
es primer pis	der erste Stock
es millor amic	der beste Freund

Anders als im Deutschen, müssen die Adjektive im Katalanischen nicht nur in Sätzen wie „Dort sind zwei volle Gläser." (... dos tassons plens) mit den entsprechenden Substantiven übereinstimmen, sondern auch in Sätzen wie „Die Gläser sind voll.", in denen ein Verb dazwischen steht (Es tassons són plens. Ses tasses són plenes). Die weibliche Endung der Adjektive ist sehr wichtig und darf auch in diesen Fällen nicht vergessen werden, weil es sonst zu Mißverständnissen kommt. So würde ein Mann von sich sagen: Estic cansat. (Ich bin müde.), eine Frau aber: Estic cansada.

Wichtige Adjektive und Farben

barat/-a	billig	**car/-a**	teuer
alegre	froh	**trist/-a**	traurig
clar/-a	hell	**fosc/-a**	dunkel
fred/-a	kalt	**calent/-a**	warm
petit/a	klein	**gran**	groß
curt/-a	kurz	**llarg/-a**	lang
jove	jung	**gran**	alt(Personen)
nou/nova	neu	**vell/-a**	alt (Dinge)
dolent/-a	schlecht	**bo/bona**	gut
bonic/-a	schön	**lleig/lletja**	häßlich
molt/-a	viel	**poc/-a**	wenig
blau/blava	blau	**vermell/-a**	rot
groc/groga	gelb	**negre/negra**	schwarz
verd/-a	grün	**blanc/-a**	weiß
marró	braun	**gris**	grau

Steigern und Vergleichen

Dazu verwenden Sie das Wort més, das eigentlich soviel wie „mehr" bedeutet:

més ple, més plens, més plena, més plenes	voller
més gran, més grans	größer

Setzt man den Artikel davor, verändert sich die Bedeutung.

es més ple etc.	der vollste etc.
es més gran etc.	der größte etc.

Adjektive (Eigenschaftswörter)

Einige Adjektive haben – wie auch im Deutschen (gut, besser) – unregelmäßige Steigerungen:

bo / millor	gut / besser
mal / pitjor	schlecht / schlechter

Durch Anhängen der Endung -íssim, -íssims, -íssima, -íssimes an das Adjektiv wird ein extremer Grad ausgedrückt:

una tassa grandíssima	eine riesengroße Tasse
un tassó pleníssim	ein randvolles Glas

Und schließlich kann man ein Adjektiv auch noch mit dem Wörtchen molt „sehr" qualifizieren:

una tassa molt plena	eine sehr volle Tasse

Verben (Tätigkeitswörter)

Der wichtigste Unterschied im Gebrauch der Verben zwischen dem Deutschen und dem Katalanischen ist der, daß im Katalanischen bereits ein allein stehendes Verb einen vollständigen Satz darstellen kann, was im Deutschen unmöglich ist:

En Pere canta	**Canta.**	**Canten.**
der Peter singt	*(er-)singt*	*(sie-)singen*
Peter singt.	Er singt.	Sie singen.

Während wir im Deutschen stets ein Subjekt (Satzgegenstand) brauchen, also ein Substantiv oder einen Namen wie „Peter“ oder ein Personalpronomen wie „er“, „sie“, „es“, ist dies im Katalanischen nicht unbedingt nötig. Oft wird das Pronomen nur gebraucht, um einen Kontrast auszudrücken:

Ell canta, però jo no.
Er singt, aber ich nicht.

Personalendungen

Je nach dem Vokal in der Endsilbe ihrer Grundform zeigen die Verben leichte Unterschiede in ihren Personalendungen:

Da die Betonung hier äußerst wichtig ist, sind die zu betonenden Vokale durch Unterstreichung markiert. Allgemein gilt, daß die 1. und 2. Person im Plural („wir" und „ihr") stets endbetont ist. Die Verben auf -ar sind die regelmäßigsten und bergen keine Probleme.

cantar (singen, *kanntá*)			
	Singular		*Plural*
cant	ich singe	**cantam**	wir singen
cantes	du singst	**cantau**	ihr singt
canta	er/sie singt	**canten**	sie singen

sentir (hören/fühlen, *ssentí*)			
	Singular		*Plural*
sent	ich höre	**sentim**	wir hören
sents	du hörst	**sentiu**	ihr hört
sent	er/sie hört	**senten**	sie hören

Einige der Verben auf -ir bilden ihre Personalendungen nicht wie sentir, sondern verwenden die Zwischensilbe **-eix-**.

Leider sind diese Verben äußerlich nicht von den normalen auf -ir zu unterscheiden, so daß man sich bei den „-ir"-Verben merken muß, welchem der Typen sie angehören. In der Vokabelliste am Ende dieses Buchs sind alle „-eix"-Verben als solche gekennzeichnet.

servir (bedienen, dienen zu)

	Singular		*Plural*
servesc	ich bediene	**servim**	wir bedienen
serveixes	du bedienst	**serviu**	ihr bedient
serveix	er/sie bedient	**serveixen**	sie bedienen

(*sservösk, sservésches, sservésch, sservím, sservíu, sservöschen*)

perdre (verlieren)

	Singular		*Plural*
perd	ich verliere	**perdem**	wir verlieren
perds	du verlierst	**perdeu**	ihr verliert
perd	er/sie verliert	**perden**	sie verlieren

Viele der häufigeren Verben weichen in Einzelheiten von diesem Schema ab, wobei vor allem die 1. Person Singular oft unregelmäßig ist. Allgemein kann man zusammenfassen:

	Singular	Plural
1. Person	endungslos oder unregelmäßig	**-am, -em, -im**
2. Person	**-es, -s**	**-au, -eu, -iu**
3. Person	**-a** oder endungslos	**-en**

Verben (Tätigkeitswörter)

Hier noch einige der wichtigsten unregelmäßigen Verben:

anar	veure	dir
gehen	sehen	sagen
vaig	veig	dic
vas	veus	dius
va	veu	diu
anam	veim	deim
anau	veis	deis
van	veuen	diuen

venir	tenir	voler
kommen	haben	wollen
vénc	tenc	vull
véns	tens	vols
ve	té	vol
venim	tenim	volem
veniu	teniu	voleu
venen	tenen	volen

	poder	sebre	creure
	können	wissen	glauben
ich	puc	sé	crec
du	pots	saps	creus
er, sie, es	pot	sap	creu
wir	podem	sabem	creim
ihr	podeu	sabeu	creis
sie	poden	saben	creuen

„sein" ist nicht gleich „sein"

Die Funktion des deutschen Verbs „sein" wird im Katalanischen von zwei verschiedenen Verben übernommen, nämlich von esser und estar:

	esser (Eigenschaft)	**estar** (Zustand)
ich	**som**	**estic**
du	**ets**	**estàs**
er, sie, es	**és**	**està**
wir	**som**	**estam**
ihr	**sou**	**estau**
sie	**són**	**estan**

Das Verb **esser** wird verwendet, wenn es um etwas **Unveränderliches** oder um eine wesensmäßige **Eigenschaft** geht:

Som alemany.
Ich bin Deutscher.

En Tòfol és picapedrer.
Cristòfol ist Maurer.

Für vorübergehende **Zustände** und alles **nicht Wesensmäßige** verwendet man dagegen **estar**:

Estic malalt.
Ich bin krank.

En Tòfol està trist.
Cristòfol ist traurig.

Diese Bedeutungsunterscheidung ist äußerst wichtig und wird oft recht kreativ verwendet. So heißt beispielsweise:

Na Marta és morta.

soviel wie: „Martha ist tot." Sagt man dagegen:

Na Marta està morta.

so bedeutet dies lediglich: „Martha ist todmüde/zu Tode erschöpft."

Bei unbelebten Subjekten wird zumeist esser verwendet:

Sa tassa és plena/blanca.
Die Tasse ist voll/weiß.

Von dieser allgemeinen Regel gibt es nur eine Ausnahme; bei **Ortsangaben** wird, auch wenn der Aufenthalt nur vorübergehend ist, stets **esser** verwendet. Es heißt demnach:

Som a casa.
Ich bin zu Hause.

Na Marta és a Andratx.
Martha ist in Andratx.

Són an es Bar Bosch.
Sie sind in der Bar Bosch.

Vergangenheit

Die bisherigen Verbformen waren alle Gegenwartsformen. Die Bildung der Vergangenheitsformen ist im Katalanischen jedoch völlig unproblematisch. Am einfachsten ist die **abgeschlossene Vergangenheit**, die mit einem **Hilfsverb** (entstanden aus anar, eigentlich: „gehen") **und** der **Grundform** (Infinitiv) des Verbs gebildet wird:

vaig cantar	ich sang
vares cantar	du sangst
va cantar	er/sie sang
vàrem cantar	wir sangen
vàreu cantar	ihr sangt
varen cantar	sie sangen

Diese Formen werden verwendet für Ereignisse, die bereits völlig abgeschlossen sind; als Faustregel mag gelten: für alles, was man mindestens einmal überschlafen hat. Für alle **Ereignisse des gleichen Tages** bzw. für alles, dessen Auswirkungen noch wichtig oder spürbar sind, benutzt man eine andere zusammengesetzte Form. Diese wird gebildet mit dem **Hilfsverb** haver (he, has, ha, hem heu, han) **und** dem **Partizip Perfekt** des Verbs (auf Deutsch Formen wie: „gemacht, gesungen, gesehen, gerannt“ usw.):

he cantat	ich habe gesungen
has cantat	du hast gesungen
ha cantat	er/sie hat gesungen
hem cantat	wir haben gesungen
heu cantat	ihr habt gesungen
han cantat	sie haben gesungen

Die Partizipien der Verben auf -ar enden meist auf -at (cantat, „gesungen“), die der Verben wie sentir auf -it (sentit, „gehört“) und die der Verben wie perdre meist auf -ut (perdut, „verloren“). Einige der häufigsten unregelmäßigen Partizipien lauten:

veure	sehen	**vist**
creure	glauben	**cregut**
esser	sein	**estat**
estar	sein	**estat**
poder	können	**pogut**
voler	wollen	**volgut**
fer	machen	**fet**
dir	sagen	**dir**
tenir	haben	**tengut**
caure	fallen	**caigut**
córrer	rennen	**corregut**
obrir	öffnen	**obert**

Wenn ich also den Schlüssel (sa clau) gestern oder vor zwei Wochen verloren und längst wiedergefunden habe, sage ich auf mallorquinisch: Vaig perdre sa clau. Wenn ich dagegen verzweifelt suchend vor der verschlossenen Haustür stehe, sage ich: He perdut sa clau. Für den Anfang reicht es aber vollkommen, wenn Sie sich eine der beiden Vergangenheitsformen merken und nur diese verwenden – für die Verständigung ist das allemal genug. Es gibt noch eine weitere Vergangenheitsform (cantava, cantaves ..., perdia, perdies ...), die uns hier aber nicht weiter beschäftigen soll.

Einige wichtige verbale Ausdrücke

Hem de marxar a les quatre.
(wir-)haben zu marschieren um die vier
Wir müssen um vier aufbrechen.

haver de
müssen

No ho has de fer.
nicht er (du-)hast zu machen
Du mußt es nicht tun.

En Josep acaba d'arribar a ca-seva.
der Joseph (er-)beendet zu'ankommen in Haus-seine
Joseph ist gerade nach Hause gekommen.

acabar de
gerade getan haben

Mos acabam de conéixer.
uns (wir-)beenden zu kennenlernen
Wir haben uns gerade erst kennengelernt.

anar a
im Begriff sein, etwas zu tun

Vaig a tancar sa finestra, que fa fred.
(ich-)gehe zu schließen die Fenster, daß (er-)macht kalt
Ich mache eben mal das Fenster zu, es wird kalt.

> Achtung, ohne „a" verändert sich die Bedeutung radikal, da die Konstruktion anar + Infinitiv ja die häufigste Methode zur Bildung der Vergangenheit ist! „Vaig tancar sa finestra." bedeutet daher „Ich schloß das Fenster.".
>
> **Die Konstruktion anar + a + Infinitiv darf also nicht mit der ähnlichen Vergangenheitsform verwechselt werden!**

hi ha
es gibt (hier)

Der Ausdruck hi ha *funktioniert ähnlich wie das süddeutsche „es hat" in Sätzen wie „Heute hat's frische Milch." (für Norddeutsche: „Heute gibt es frische Milch.").*

Hi ha tres arbres a sa plaça.
da (er-)hat drei Bäume auf die Platz
Auf dem Platz stehen drei Bäume.

Avui hi ha pollastre.
heute da (er-)hat Hähnchen
Heute gibt es Hähnchen.

Hi ha gent que prefereix vi.
da (er-)hat Leute die (sie-)bevorzugt Wein
Es gibt Leute, die lieber Wein mögen.

Auffordern

Da Fragen und Aufforderungen häufig den ersten Sprachkontakt im fremden Land ausmachen, ist dies ein wichtiger Punkt. Es ist relativ einfach, jemanden, den man duzt, zu etwas aufzufordern, da die dazu benutzte Verbform (Befehlsform bzw. Imperativ – in der Wort-für-Wort-Übersetzung mit (!) wiedergegeben), von wenigen Ausnahmen abgesehen, mit der 3. Person Einzahl übereinstimmt:

Agafa es doblers!
nimm(!) die Dublonen
Nimm das Geld!

Beu es teu cafè!
trink(!) der dein Kaffee
Trink deinen Kaffee!

Für eine Aufforderung an jemand, den man siezt, braucht man eine eigene Verbform (Konjunktiv), die allerdings nicht schwer zu erkennen ist, da sie stets ein „-i“ in der letzten Silbe enthält:

cantar	**canti!**	Singen Sie!
sentir	**senti!**	Hören Sie!
servir	**servesqui!**	Bedienen Sie!
perdre	**perdi!**	Verlieren Sie!

Einige der häufigsten Verben bilden diese Form jedoch leicht unregelmäßig, und da sie so außergewöhnlich wichtig ist, folgt hier eine kleine Liste dieser Ausnahmen:

anar (gehen)	**vagi!**	Gehen Sie!
dir (sagen)	**digui!**	Sagen Sie!
fer (machen, tun)	**faci!**	Machen Sie!
estar (sein)	**estigui!**	Seien Sie!
ser (sein)	**sigui!**	Seien Sie!
venir (kommen)	**véngui!**	Kommen Sie!

Die beiden Beispielsätze verändern sich demnach wie folgt:

Agafi es doblers!
(Sie-)nehmen(!) die Dublonen
Nehmen Sie das Geld!

Begui es seu cafè!
(Sie-)trinken(!) der sein Kaffee
Trinken Sie Ihren Kaffee!

Personalpronomen (Persönliche Fürwörter)

ich	**jo**
du	**tu**
er/sie	**ell/ella**
wir	**noltros** (Schriftsprache: **nosaltres**)
ihr	**voltros** (Schriftsprache: **vosaltres**)
sie	**ells** (m)/**elles** (w)

Wie bereits gesagt, werden diese Personalpronomen im Katalanischen seltener gebraucht als im Deutschen, da ein Verb mit Personalendung auch für sich allein stehen kann. Meistens drückt ihre Verwendung eine Verstärkung aus. So lautet die wörtliche Übersetzung von Tu has cantat bé. zwar „Du hast gut gesungen.“, die Bedeutung wäre aber eher: „Du bist es, der gut gesungen hat (und nicht jemand anders).“

Generell gesprochen redet man sich in Spanien häufiger mit „du“ an als bei uns. In einem einfacheren Café würde ein Mallorquiner beispielsweise den Kellner durchaus duzen (und dieser ihn natürlich auch), selbst wenn sie keine intimen Freunde sind. Es können sogar Situationen entstehen, wo die Anrede „Sie“ als Distanzierung und fehlende Solidarität empfunden wird. Am einfachsten und sichersten ist es für den Besucher daher, entweder darauf zu achten, welche Anrede der Gesprächspartner wählt (und dann dieselbe Form zu verwenden), beziehungsweise erst einmal „auf Verdacht“ zu siezen und sich dann gegebenenfalls „abwärts“ zu korrigieren. Das Wort „Sie“ heißt auf Katalanisch vostè, in der Mehrzahl vostès (sprich: *vostœ* bzw. *vostœs* mit Betonung auf dem „œ“, d. h. einem „ö“ wie in „Mörder“). Das Wort ist entstanden aus dem Ausdruck Vossa Mercè, was relativ wörtlich übersetzt „Eure Gnade“ bzw. „Euer Gnaden“ bedeutet. Natürlich denkt heute niemand mehr an diese alte, pompöse Bedeutung, doch fordert das Wort im Katalanischen auch heute noch immer die gleiche Verbform wie „Eure Gnade“ im Deutschen, nämlich die 3. Person Singular, so als würde man über eine dritte Person sprechen:

Vostè és molt amable.
„Eure-Gnade" (sie-)ist sehr freundlich
Sie sind sehr freundlich.

Ebenso wie die anderen obengenannten Personalpronomen muß auch vostè nicht immer wiederholt werden; normalerweise spricht man den Gesprächspartner, den man siezen will, einfach in der 3. Person an, wobei man vostè hinzufügen kann oder auch nicht:

Ha dormit bé?
(er-)hat geschlafen gut
Haben Sie gut geschlafen?

oder: **Ha dormit bé, vostè?**
(er-)hat geschlafen gut, Euer-Gnaden
Haben Sie gut geschlafen?

Anders als im Deutschen macht es im Katalanischen einen Unterschied, ob man eine oder mehrere Personen mit „Sie" anredet. Will man die obige Frage mehreren Personen stellen, so benutzt man die Mehrzahl von vostè und die 3. Person Mehrzahl des Verbs:

Han dormit bé, vostès?
Haben Sie (= mehrere Personen) gut geschlafen?

Die anderen persönlichen Fürwörter brauchen Sie anfangs nicht zu lernen, da man ihre Verwendung leicht umgehen kann. Sie sollten sie allerdings zumindest einmal gesehen haben, um sie später wiederzuerkennen:

	Dativ (Frage: wem?)		Akkusativ (Frage: wen?)	
ich	mir	**me, m'**	mich	**me, m'**
du	dir	**te, t'**	dich	**te, t'**
er	ihm	**li**	ihn	**el, l'**
sie (Ez)	ihr	**li**	sie	**la, l'**
wir	uns	**mos, ens**	uns	**mos, ens**
ihr	euch	**vos, us**	euch	**vos, us**
sie (Mz)	ihnen	**els (m)**	sie	**els (m)**
sie (Mz)	ihnen	**les (w)**	sie	**les (w)**

Me coneix.
mich (er-)kennt
Er kennt mich.

Te conec.
dich (ich-)kenne
Ich kenne dich.

Li hem deixat es nostro cotxo.
ihm (wir-)haben gelassen der unser Auto
Wir haben ihm unser Auto geliehen.

M'agrada.
mir'(er-)gefällt
Es gefällt mir.

Die Formen mit Apostroph erscheinen vor Verben, die mit Vokal beginnen.

Verneinen

Einen normalen Aussagesatz wie Na Joana vé. = „Johanna kommt." verneint man, indem man einfach das Wörtchen no vor das Verb setzt:

Na Joana no vé.
die Johanna nicht (sie-)kommt
Joana kommt nicht.

En Pere no té doblers.
der Peter nicht (er-)hat Dublonen
Peter hat kein Geld.

Für solche verneinenden Ausdrücke wie „nichts", „kein", „nirgends" usw. kennt das Katalanische eine eigene Konstruktion, die gewissermaßen eine doppelte Verneinung darstellt. Dies geschieht nach folgendem Schema:

no ... res = nichts

Na Marta no té res.
die Martha nicht (sie-)hat etwas.
Martha hat nichts.

no ... cap = kein(e, en) usw.

Ells no tenen cap llibre.
sie nicht (sie-)haben kein Buch
Sie haben kein Buch.

no ... gaire = nicht besonders

No m'agrada gaire.
nicht mir'(er-)gefällt sehr
Es gefällt mir nicht besonders.

Ähnlich verwendet man auch die Ausdrücke:

no ... ningú	niemand
no ... gens	gar nicht
no ... enlloc	nirgends
no ... mai	nie

Fragen

Entscheidungsfragen, d. h. solche, auf die man mit "ja" oder "nein" antwortet, kann man auf katalanisch ganz einfach bilden, indem man den entsprechenden Aussagesatz mit fragender Betonung ausspricht:

Això és s'estació.
Das ist der Bahnhof.

Això és s'estació?
Ist das der Bahnhof?

T'agrada sa pel.lícula.
Der Film gefällt dir.

T'agrada, sa pel.lícula?
dir'(sie-)gefällt die Film
Gefällt dir der Film?

Auch wenn die Frage sich auf das Verb bezieht, unterscheidet sich die Frage vom entsprechenden Aussagesatz allein durch die unterschiedliche Satzmelodie.

Fragen

Ergänzungsfragen werden mit Fragewörtern wie „wer“, „wie“ oder „was“ gebildet und können daher nicht, wie die Entscheidungsfragen, mit einem einfachen „ja“ oder „nein“ beantwortet werden. Die wichtigsten Fragewörter sind:

Das Fragewort què *(„was“, kä) darf nicht mit* que *(„daß“) verwechselt werden.*

qui?	wer?
què?	was?
com?	wie?
per què?	warum?
quan?	wann?
on?	wo?
cap a on?	wohin?
d'on?	woher?
quant?	wieviel?
quin?	welcher?

Què és això?
Was ist das?

Quan comença es concert?
Wann beginnt das Konzert?

Què noms?	**Nom Jaume.**
was (du-)heißt	*(ich-)heiße Jakob*
Wie heißt Du?	Ich heiße Jaume.
Com te diuen?	**Me diuen Margalida.**
wie dir (sie-)sagen	*mir (sie-)sagen Margarethe*
Wie heißt du?	Ich heiße Margalida.

Cap a on va aquell tren?
nach in wo (er-)geht jener Zug
Wohin fährt der Zug dort?

Quants d'anys tens?
wieviele von'Jahren (du-)hast
Wie alt bist du?

Das Fragewort quin, quins, quina, quines („welche(r)") hat verschiedene Formen und unterscheidet männlich/weiblich und Einzahl/Mehrzahl wie ein Adjektiv:

Quin tassó vols? | **Aquest.**
Welches Glas willst du? | Dieses.

Quines tasses voleu? | **Aquestes.**
Welche Tassen wollt ihr? | Diese.

Konjunktionen (Bindewörter)

Zwei Verwechslungsgefahren: si *heißt „ob“,* sí *dagegen „ja“;* perquè *heißt „weil“,* per què *dagegen heißt „warum?“.*

i	und
o	oder
però	aber
sinó	sondern
quan	als
maldament que	obwohl
perquè	weil
que	daß, der/die/das, als
si	ob

Besonders que ist ein nahezu allgegenwärtiges Wort und hat mehrere Funktionen:

Aquest cuixot és més car que aquell.
Dieser Schinken hier ist teurer als der dort.

Vull que vénguis.
(ich-)will daß (du-)kommest
Ich will, daß du kommst.

es senyor que vàrem veure ahir
der Herr der (wir-)gingen sehen gestern
der Herr, den wir gestern gesehen haben

Präpositionen

a	in, nach	**dins**	in
amb	mit	**durant**	während
cap a	in Richtung	**en**	in
contra	gegen	**entre**	zwischen
damunt	auf	**fins**	bis
davall	unter	**per**	durch
davant	vor	**per a**	für
de	von	**sense**	ohne
des de	seit	**sobre**	über

Besonders für die zwei häufigsten Präpositionen a und de ist es schwierig, nur eine Übersetzung anzugeben, da sie vielfältige Funktionen übernehmen können.

Die beste Hilfsübersetzung für a *ist wohl „in", da es vor allem für Ortsangaben verwendet wird.*

Passam ses vacances a Peguera.
(wir-)verbringen die Ferien in Peguera
Wir verbringen die Ferien in Peguera.

Visc a Alemanya.
(ich-)lebe in Deutschland
Ich wohne in Deutschland.

Na Maria és a sa platja.
die Maria (sie-)ist in die Strand
Maria ist am Strand.

Präpositionen

Anders als im Deutschen ändert sich die Präposition auch dann nicht, wenn eine Bewegung auf einen Ort hin ausgedrückt werden soll; die Hilfsübersetzung von a *wäre dann „nach".*

Volen anar a Girona.
(sie-)wollen gehen in Girona
Sie wollen nach Girona fahren.

Auch für die Uhrzeiten wird a *verwendet und entspricht dann unserem „um".*

Vaig arribar a les set.
(ich-)gehe ankommen um die sieben
Ich bin um sieben angekommen.

Ähnlich vielfältig sind auch die Verwendungen von de. *Oft steht* de *dort, wo im Deutschen ein Genitiv verwendet würde. Da man diesen auch im Deutschen oft mit der Präposition „von" umschreiben kann, ist „von" die häufigste Hilfsübersetzung von* de.

Això és es plat del senyor Cervera.
das ist der Teller von-der Herr Cervera
Das ist Herrn Cerveras Teller.

Alícia en es país de ses meravelles
Alice auf der Land von die Wunder
Alice im Wunderland

Auch bei Mengenangaben steht de.

Voldria una botella de vi negre.
(ich-)möchte eine Flasche von Wein schwarz
Ich hätte gern eine Flasche Rotwein.

Wo das Deutsche gern zusammengesetzte Wörter wie „Cordhose" oder „Sonnenuntergang" bildet, verbindet das Katalanische die beiden Elemente zumeist mit de.

calçons de pana
Hosen von Cord
Cordhose

posta des sol
Untergang von-die Sonne
Sonnenuntergang

Zahlen und zählen

0	zero
1	u (un, una)
2	dos, dues
3	tres
4	quatre
5	cinc
6	sis
7	set
8	vuit
9	nou
10	deu
11	onze
12	dotze
13	tretze
14	catorze
15	quinze
16	setze
17	desset
18	devuit
19	denou
20	vint
21	vint-i-u (-un, -una)
22	vint-i-dos (-dues)
23	vint-i-tres
24	vint-i-quatre
25	vint-i-cinc
26	vint-i-sis
27	vint-i-set
28	vint-i-vuit
29	vint-i-nou

Um den Umgang mit Zahlen zu erleichtern, wird auf jeder Kauderwelsch-Seite die Seitenzahl auch auf mallorquinisch gezählt!

30	**trenta**
40	**quaranta**
50	**cinquanta**
60	**seixanta**
70	**setanta**
80	**vuitanta**
90	**noranta**
100	**cent**
200	**dos-cents**
1000	**mil**

*Ab 30 (*trenta*) entfällt das eingeschobene* -i-: trenta-u, trenta-dos, trenta-tres *usw.*

dos tassons	**dues tasses**
dos-cents tassons	**dues-centes tasses**

u *bedeutet nur „eins"; will man eine konkrete Sache damit bezeichnen, verwendet man entweder die männliche Form* un: un tassó, *oder die weibliche:* una tassa. *Auch die Wörter* dos *„2" und* cent *„100" haben weibliche Formen.*

Hunderter werden demnach wie folgt gebildet:

	männlich	weiblich
200	**dos-cents**	**dues-centes**
300	**tres-cents**	**tres-centes**
400	**quatre-cents**	**quatre-centes**
500	**cinc-cents**	**cinc-centes** usw.

Ordnungszahlen

In Spanien ist es unüblich, den Namen an die Haustür oder ans Klingelschild zu schreiben. Wenn Ihnen also jemand seine Adresse gibt, müssen Sie sehr exakt das Stockwerk und die Wohnungstür wissen – ansonsten werden Sie wohl oder übel irgendwo klingeln und nachfragen müssen. Diese Information findet sich normalerweise hinter der Hausnummer, z. B.:

C/Aragó 125, 3er, 2ona
sprich:
Carrer Aragó cent-vint-i-cinc, tercer pis, segona porta
Aragonienstraße 125, dritter Stock, zweite Tür

Beachten Sie: pis *(Stockwerk, Wohnung) ist männlich, während* porta *(Tür) weiblich ist.*

Die Ordnungszahlen (d. h. "erster", "fünfter" usw.) werden Ihnen mit größter Wahrscheinlichkeit in diesem Zusammenhang begegnen. Sie haben eine männliche Form und eine auf -a endende weibliche Form:

primer, primera	erste(r)
segon, segona	zweite(r)
tercer, tercera	dritte(r)
quart, quarta	vierte(r)
cinquè, cinquena	fünfte(r)
sisè, sisena	sechste(r)
setè, setena	siebte(r)
vuitè, vuitena	achte(r)
novè, novena	neunte(r)
desè, desena	zehnte(r)

Zeitangaben

Nach der Uhrzeit fragt man mit:

Quina hora és?
welche Stunde (sie-)ist
Wie spät ist es?

Quina hora duus?
welche Stunde (du-)trägst
Wie spät hast du's?

Die Antwort lautet:

És la una.
(sie-)ist die eine
Es ist ein Uhr.

Són les dues.
(sie-)sind die zwei
Es ist zwei Uhr.

Die Angabe der Uhrzeiten ist eine der Situationen, in der auch im Mallorquinischen der literarische Artikel la, les *verwendet wird.*

Die Stunden des Tages werden nach dem 12-Stunden-System angegeben und heißen:

la una	ein Uhr
les dues	zwei Uhr
les tres	drei Uhr
usw. bis	
les dotze	zwölf Uhr

Die Uhrzeiten sind alle weiblich, da man stets das (weibliche) Wort hora (Stunde) dazudenken muß. Durch Hinzufügen der Minuten, der Viertelstunden und halben Stunden werden die anderen Zeiten ausgedrückt:

les tres i cinc
die drei und fünf
fünf nach drei

les cinc i quart
die fünf und viertel
viertel nach fünf

les onze i mitja
die elf und halb
halb zwölf

falta un quart per les dotze
(er-)fehlt ein Viertel für die zwölf
Viertel vor zwölf

Um bei dem 12-Stunden-System Mißverständnisse zu vermeiden, fügt man gegebenenfalls hinzu:

des dematí	morgens
des migdia	mittags
des decapvespre	nachmittags
de sa nit	nachts

Beispiele für den Gebrauch:

A quina hora quedam?
auf welche Stunde (wir-)bleiben
Für wieviel Uhr verabreden wir uns?

A les cinc.
auf die fünf
Für fünf Uhr.

A quina hora surt es tren?
auf welche Stunde (er-)rausgeht der Zug
Um wieviel Uhr fährt der Zug ab?

A les sis vint-i-cinc del matí.
auf die sechs zwanzig-und-fünf von-der Morgen
Um sechs Uhr fünfundzwanzig.

Die Wochentage

dilluns	Montag
dimarts	Dienstag
dimecres	Mittwoch
dijous	Donnerstag
divendres	Freitag
dissabte	Samstag
diumenge	Sonntag

Wo wir im Deutschen „am Montag" sagen, verwendet das Mallorquinische einfach nur den Wochentag, ohne Artikel.

Dissabte he de tornar a ca-meva.
Samstag (ich-)habe zu zurückkehren nach Haus-meine
Am Samstag muß ich zurück nachhause.

Mos veim divendres que vé.
uns (wir-)sehen Freitag der (er-)kommt
Wir sehen uns nächsten Freitag.

Es dissabtes s'hi pot ballar.
die Samstage sich'da (er-)kann tanzen
Samstags kann man da tanzen.

Zeitangaben

Wichtig sind auch die folgenden Zeitangaben:

avui	heute
d'aquí ... dies	heute in ... Tagen
demà	morgen
demà passat	übermorgen
ahir	gestern
despús-ahir	vorgestern
es dematí	am Morgen
es migdia	am Mittag
es vespre	am Abend
en sa nit	nachts
prest	früh
tard	spät
tot d'una	sofort
ara	jetzt

Monate

gener	Januar
febrer	Februar
març	März
abril	April
maig	Mai
juny	Juni
juliol	Juli
agost	August
setembre	September
octubre	Oktober
novembre	November
desembre	Dezember

„Monat" heißt auf mallorquinisch es mes *(Plural:* mesos*). Für deutsch „im Monat …" sagt am auf mallorquinisch* pes mes de …

Hi anam cada any pes mes de maig.
dorthin (wir)gehen jeder Jahr für-der Monat von Mai
Wir fahren jedes Jahr im Mai hin.

Jahreszeiten — ses estacions

s'hivern (m)	der Winter
sa primavera	der Frühling
s'estiu (m)	der Sommer
sa primavera de s'hivern	der Herbst

PASSY

Kurz-Knigge

Wenn Sie auf Mallorca die folgende Grundregel beachten, sind Sie im Prinzip bereits vor den größten Peinlichkeiten und Mißverständnissen geschützt: Kleiden und benehmen Sie sich außerhalb der touristischen Zonen so, wie Sie es auch zu Hause tun würden! Manche Touristen vergessen zuweilen, daß *sie* gerade im Urlaub sind, und daß sich darum nicht auch alle Ihre Mitmenschen im Urlaubstaumel befinden müssen. Am besten, Sie orientieren sich in Ihrer Kleidung an den Einheimischen. Natürlich haben die Mallorquiner längst alles gesehen, was man sich im Bereich unangemessener Kleidung vorstellen kann, und sind daher nicht mehr leicht aus der Ruhe zu bringen. Wer allerdings an einem ganz normalen Werktag mit einem mexikanischen Sombrero oder nur mit einem Bikinioberteil durch Palma spaziert, stempelt sich damit selbst als guiri ab – als dümmlicher, desorientierter Ausländer, dem man gern auch einmal das Doppelte berechnet.

Mallorquiner sind von ihrem Temperament her ungefähr so weit vom stereotypen Bild des feurigen Spaniers entfernt, wie wir selbst. Durch den intensiven Kontakt mit Besuchern aus aller Herren Länder ist in knapp drei Jahrzehnten aus einer rückständigen, traditionsbewußten Provinzregion Spaniens ein Stück Mitteleuropa mit hohem Lebensstandard geworden. Die spontane Verbrüderung mit Unbekannten gehört daher auch nicht gerade zu den typisch mallorquinischen Verhaltensweisen. Andererseits scheint es unter den jährlich ca. 7 Millionen Touristen so erschreckend wenige zu geben, die auch nur ein oberflächliches Interesse an der mallorquinischen Kultur und Alltagsrealität zeigen, daß man mit Manifestationen eines solchen Interesses immer noch positiv auffallen kann. Bei der Gelegenheit sind dann durchaus nette persönliche Kontakte möglich, bei denen man oft verwundert feststellt, wie fein die Mallorquiner zwischen den verschiedenen Touristentypen zu unterscheiden wissen.

Bei aller Annäherung an mitteleuropäische Standards sollten Sie sich allerdings auf einige kleinere Abweichungen vom Gewohnten einstellen. So ist z. B. der Lebensrhythmus in Spanien insgesamt deutlich anders als bei uns: Im Sommer wird zwischen 14 und 15 Uhr zu Mittag gegessen, das Abendessen gibt es zwischen 21 und 23 Uhr. Feste und Feiern beginnen im Sommer oft erst um 24 Uhr und gehen dann durchaus bis 6 Uhr morgens. Nur guiris wundern sich daher, wenn ihnen außerhalb der engumgrenzten Touristenwelt kein Restaurant um 12 Uhr schon Mittagessen serviert. Am besten ist es, Sie fassen das Phänomen einfach als eine Art von Zeitverschiebung auf und verhalten sich so, als sei es zwei bis drei Stunden früher, als die Uhr anzeigt.

Verabredete Uhrzeiten verstehen Sie besser als Näherungswerte mit einer etwa einstündigen Kulanzspanne (was nicht heißt, daß Sie selbst nun unbedingt auch zu spät kommen sollten). Da man sich ohnehin stets in irgendwelchen Bars verabredet, wird Ihnen die Wartezeit nicht allzu unangenehm sein.

Wenn Sie Lust haben, mit Einheimischen in Kontakt zu kommen, ist es gewiß eine gute Idee, sich eine nette, etwas abgelegene Bar zu suchen (eine mit ständig laufendem Fernseher und elektronisch dudelnden Spielautomaten ...) und dort ein paar Tage hintereinander zum vorübergehenden Stammkunden zu avancieren. Bringen Sie Zeit mit, lesen Sie die Tageszeitung, und Sie werden sehen: Nach spätestens drei Tagen ist dort bekannt, welchen Nachtisch Sie bevorzugen, woher Sie kommen, und der Kontakt ergibt sich von selbst.

Die Funktion der Privatwohnung und der Bars unterscheidet sich deutlich von der vergleichbarer Institutionen bei uns; selbst für wohlhabende Städter ist die Wohnung eher ein Ort, wo man schläft und vielleicht am Wochenende mal Verwandte einlädt. Die restlichen sozialen Aktivitäten spielen sich in den Bars ab, die somit eine Art „öffentliche Wohnzimmer" sind. Eine Einladung nach Hause ist daher immer schon eine etwas förmlichere Angelegenheit.

Wenn Sie mit mallorquinischen Freunden zusammen in einer Bar sitzen, sollten Sie die Spielregeln kennen, nach denen das Bezahlen geregelt ist; wenn Sie nämlich nicht aufpassen oder zuweilen sogar mit List und Tücke vorgehen, werden Sie es als ausländischer Gast kaum je schaffen, zu bezahlen, weil stets schon jemand vor Ihnen für Sie mitbezahlt hat. Das kann man sich natürlich ruhig einmal gefallen lassen, doch früher oder später möchte man dann doch auch einmal selbst bezahlen (d. h., natürlich für die anderen mit). Oft läßt sich das nur durch einen frühzeitigen fingierten Toilettengang machen, den man zum Bezahlen nutzt. Wenn die Rechnung am Tisch bezahlt wird, steuert jeder soviel bei, wie er meint verzehrt zu haben (deutlich nach oben hin aufgerundet!).

Das sorgfältige Auseinanderrechnen der Rechnung gilt als kleinkrämerisch und ist auch von Seiten des Restaurants oft nicht vorgesehen, d. h., man kann beispielsweise mit dreißig Personen drei Stunden lang in einem Straßencafé sitzen, um dann am Ende eine einen Meter lange Rechnung in Höhe von

272,32 Euro zu bekommen. Einzige Lösung (falls sich kein Wohltäter findet): 272,32 durch dreißig ...

Wie bereits weiter oben gesagt, wird tu viel häufiger gebraucht als bei uns. Bei einem Kontakt in der Freizeit zwischen Personen, deren Alterunterschied nicht beträchtlich ist, können Sie eigentlich vom Duzen ausgehen. Am besten, Sie vermeiden die Anrede und achten darauf, wie sich Ihr Gesprächspartner verhält. Das Duzen erwachsener Menschen hat also nichts von der Verächtlichkeit des Duzens von Ausländern bei uns.

Mallorquiner gestikulieren nicht eben viel. Die einzige erwähnenswerte Geste ist vielleicht das Umarmen beim Abschied oder bei der Begrüßung einschließlich der zwei Küßchen (eins links, eins rechts, Achtung Brillenträger); diese hat nichts mit Erotik zu tun, sondern ist die normale Begrüßung unter Bekannten. Bei größerer Sympathie umarmen sich auch Männer, wobei allerdings üblicherweise nur die Wangen aneinandergedrückt werden.

Floskeln und Redewendungen

Sich begrüßen

Oft wird zur Begrüßung auch gefragt, wie es einem geht. Fassen Sie das nicht als echte Frage auf, sondern eher als Ritual und antworten Sie „Gut", selbst wenn Sie dem Tode nahe sein sollten. Wenn sich danach ein Gespräch ergibt, kann man ja immer noch erzählen, wie es einem wirklich geht ...

Uèp!, Hola!	Hallo!
Bon dia!	Guten Tag! Guten Morgen!
Bona tarda!	Guten Tag! (nachmittags)
Bon vespre!	Guten Abend!
Bona nit!	Gute Nacht! (wenn man ins Bett geht oder aufbricht)

Uèp! Com anam?
hallo wie (wir-)gehen
Hallo! Wie geht's?

Com està?
wie (er-)ist
Wie geht es Ihnen?

In ländlichen Gegenden hört man oft auch noch das altmodischere Bon dia tenga! *(Guten Tag mögen Sie haben!), meist verkürzt zu* Tenga! *Antworten Sie mit demselben Gruß!*

Hola! Bé, gràcies. I vostè? Igualment.
Hallo! Gut, danke. Und Ihnen? Ebenfalls.

Wenn man sich etwas besser kennt, kann die Begrüßung natürlich auch so aussehen:

Uèp! Com anam?
Hallo! Wie sieht's aus?

Com sempre.	**Així així.**	**Fatal.**	**Fotut.**
Wie immer.	So la la.	Übel.	Völlig fertig.

Sich verabschieden

Adéu.	Auf Wiedersehen.
Adéu-siau.	Gott befohlen.
A reveure.	Auf Wiedersehen.
Que vagi bé.	Alles Gute.
Fins prest.	Bis bald.
Fins demà.	Bis morgen.
Fins més tard.	Bis später.
Fins després.	Bis später.
Me'n vaig.	Ich gehe.
Me n'he d'anar.	Ich muß los.
Mos n'anam.	Wir gehen.

Sich entschuldigen

Perdó.	Entschuldigung.
Perdoni.	Entschuldigen Sie.
Perdona.	Entschuldige.
Disculpi.	Entschuldigen Sie.
No ho volia.	Das wollte ich nicht.
No ha estat a posta.	Es war keine Absicht.
No ha estat res.	Es war nichts.
Ja està.	Schon gut.
No se preocupi.	Machen Sie sich keine Sorgen.

Berichten

Weißt du, was mir passiert ist ...	**Saps què m'ha passat, ...** *(du-)weißt was mir'(er-)hat passiert*
Man hat mir erzählt, daß ...	**M'han contat que ...** *mir'(sie-)haben erzählt daß ...*
Es scheint, daß ...	**Pareix que ...** *(er-)scheint daß ...*
Hör mal, ich erfahre gerade, daß ...	**Escolta, acab de sebre que ...** *zuhör(!) (ich-)beende zu wissen daß ...*

Meinen

Ich glaube, daß...	**Crec que ...**
Ich denke, daß...	**Pens que ...**
Ich bin überzeugt, daß...	**Estic convençut que ...**
Meine Meinung ist, daß...	**Sa meva opinió és que ...**
Also ich denke, ...	**Idò, jo pens ...**
Also ich glaube, ...	**Mira, crec que ...**

Zustimmen

Einverstanden.	**D'acord.**
Da sind wir völlig einer Meinung.	**Estic completament d'acord.** *(ich-)bin völlig von'Übereinstimmung*
Sie haben recht.	**Té raó.** *(er-)hat Vernunft*
Du hast völlig recht.	**Tens tota la raó.** *(du-)hast ganze die Vernunft*
Das kann man wohl sagen.	**Ja ho pots dir, ja.** *schon er (du-)kannst sagen schon*
Allerdings!	**I tant!**
Genau!	**Exacte!**
Natürlich.	**És clar.**
Das ist wahr.	**És vera.**

Anderer Meinung sein

Damit bin ich nicht einverstanden.	**No hi estic d'acord.** *nicht damit (ich-)bin von'Übereinstimmung*
Auf keinen Fall.	**De cap de ses maneres.** *von keine von die Arten*
Das ist nicht so.	**No és així.** *nicht (er-)ist so*

Sie irren sich.	**Vostè s'equivoca.** *euer-Gnaden sich'(er-)irrt*
Du irrst dich.	**Estàs equivocat.** *(du-)bist geirrt*
Das glaube ich nicht.	**No ho crec.** *nicht er (ich-)glaube*
Das überzeugt mich nicht.	**No me convenç.** *nicht mich (er-)überzeugt*
Da ist nichts wahr dran.	**Això no té ni cap ni peus.** *das nicht (er-)hat nicht Kopf nicht Füße*
Erzähl keinen Blödsinn.	**No diguis dois.** *nicht sag(!) Blödsinn*
Lüge!	**Mentida!**
Quatsch!	**Dois!**
Was redest du denn da?	**Però què dius?**

Überzeugen

Ich versichere Ihnen, daß ...	**Li assegur que ...** *ihm (ich-)versichere daß*
Es ist zweifellos so, daß ...	**No queda dubte que ...** *nicht (er-)bleibt Zweifel daß*

Glauben Sie mir.	**Me cregui.**
Glaube mir, ...	**Creu-me ...**
Hör mir mal einen Moment zu ...	**Escolta'm un segon ...** *zuhör(!)'mir ein Sekunde*
Wenn ich es dir doch sage.	**Si t'ho dic ...** *wenn dir'er (ich-)sage*
Das kannst du mir ruhig glauben.	**T'ho pots ben creure.** *dir'er (du-)kannst gut glauben*

Sich begeistern

Ich amüsiere mich prima.	**M'ho pas molt bé.** *mir'er (ich-)verbringe sehr gut*
Ich freue mich sehr.	**Estic contentíssim!** *(ich-)bin zufriedenst*
Was für eine Freude!	**Quina alegria!** *welche Freude*
Es gefällt mir sehr.	**M'agrada molt!** *mir'(er-)gefällt sehr*
Es hat mir ganz toll gefallen!	**M'ha agradat moltíssim!** *mir'(er-)hat gefallen vielst*
wunderbar	**meravellós**
hervorragend	**excel.lent**
Was für eine Freude!	**Quina il.lusió!**
Wie schön!	**Que bé!**
saustark	**de puta mare**
geil!	**guai!**

Jemanden einladen/etwas vorschlagen

Hast du Lust spazieren zu gehen?	**Què te pareix si feim un passeig?** *was dir (er-)scheint wenn (wir-)machen ein Spaziergang*
Warum gehen wir nicht einen Kaffee trinken?	**Per què no anam a fer un cafè?** *durch was nicht (wir-)gehen zu machen ein Kaffee*
Hättest du nicht Lust, an den Strand mitzukommen?	**No te faria ganes anar a sa platja?** *nicht dir (er-würde-)machen Lüste gehen zu die Strand*
Gehen wir ein Bier trinken?	**Sortim a fer una cervesa?** *(wir-)rausgehen zu machen eine Bier*
Los, ich lade dich zu einem Eis ein!	**Vénga, te convid a un gelat!** *(Sie-)kommen(!), dich (ich-)einlade zu ein Eis*
Soll ich dich nach Hause bringen?	**Vols que t'acompanyi a casa?** *(du-)willst das dich'(ich-)begleitete zu Haus*

Vorschlag annehmen

Einverstanden.	**D'acord.**
Mit dem größten Vergnügen.	**Amb molt de gust.**
Warum nicht?	**Per què no?**
Aber natürlich.	**És clar que sí.**
Gute Idee.	**Bona idea.**
Abgemacht.	**Està fet!**
Einverstanden.	**Entesos.**
Na gut.	**Està bé.**

Gleichgültig sein

Das ist mir egal.	**M'és igual.** *mir'(er-)ist egal*
Das ist mir egal.	**Tant m'és.** *so-sehr mir'(er-)ist*
Das ist mir egal.	**No m'importa.** *nicht mir'(er-)ist-wichtig*
Ist mir scheißegal.	**Me'n fot.** *mir'davon (er-)bumst*
Entscheiden Sie.	**Vostè decideix.** *euer-Gnaden (er-)entscheidet*
Mach, was du willst.	**Fe lo que vulguis** *tu(!) das was (du-würdest-)wollen*
Na und?	**I què?** *und was*

Unsicher sein

Ich schwanke noch.	**Encara dubt.** *noch (ich-)zweifle*
Ich weiß nicht, was ich tun soll.	**No sé què fer.** *nicht (ich-)weiß was tun*
Ich bin mir nicht sicher.	**No n'estic segur.** *nicht davon'(ich-)bin sicher*

Ich kann mich nicht entscheiden.	**No me puc decidir.** *nicht mich (ich-)kann entscheiden*
Ich bin verwirrt.	**Estic confús.** *(ich-)bin verwirrt*

Bedauern/ablehnen

Nein, danke.	**No, gràcies.**
Es tut mir leid.	**Me sap greu.** *mir (er-)schmeckt schwer*
Ich bedauere.	**Ho lament.** *er (ich-)bedauere*
Das begeistert mich nicht gerade.	**No m'entusiasma gaire.** *nicht mich'(er-)enthusiasmiert sehr*
Ich habe keine Lust.	**No me fa ganes.** *nicht mir (er-)macht Lüste*
Ich glaube nicht, daß das die Mühe wert ist.	**No crec que valgui la pena.** *nicht (ich-)glaube daß (er-)lohnte die Mühe*
Ich will nicht.	**No vull.** *nicht (ich-)will*
Kommt nicht in Frage.	**D'això res.** *von'das nichts*

Sich ärgern

Was für eine Schweinerei! — **Quina putada!**
welche Hurerei

Es ist eine Schande! — **És una vergonya!**
(sie-)ist eine Scham

Igittigitt! — **Quin oi!**
welcher Ekel

Das ist sehr unangenehm. — **És molt desagradable.**
(er-)ist sehr unangenehm

Ich bin sehr ärgerlich. — **Estic molt empipat.**
(Ich-)bin sehr verärgert

Dieses Scheißauto! — **Aquest cotxo de merda!**
dieser Auto von Scheiße

Aber hören Sie mal ... — **Però escolti ...**
aber (Sie-)hören(!)

Das geht jetzt aber wirklich zu weit! — **Això sobrepassa tots es límits!**
das (er-)überschreitet alle die Grenzen

Das ist ja unerhört! — **No hi ha dret.**
nicht da (er-)hat Recht

So eine Unverfrorenheit! — **Quin morro!**
welcher Lippe

Wünschen

Ich habe Lust, ... zu ...	**Tenc ganes de ...** *(ich-)habe Lüste zu*
Wie gern würde ich jetzt ...	**M'agradaria tant ...** *mir'(er-)gefiele so-sehr*
Ich hoffe, du kommst bald.	**Esper que vénguis prest.** *(ich-)hoffe daß (du-)kämst früh*
Wenn wir nur ... könnten!	**Si poguéssim ...!** *wenn (wir-)könnten*
Hoffentlich!	**Tant de bo!** *soviel von gut*

Überrascht sein

Was für eine Überraschung.	**Quina sorpresa.** *welche Überraschung*
Ich glaube es nicht!	**No m'ho puc creure.** *nicht mir'er (ich-)kann glauben*
Wirklich?	**De veres?**
Was?	**Què?**
Damit hatte ich nicht gerechnet.	**Això no m'ho havia esperat.** *das nicht mir'er (ich-)hatte erwartet*

Das kann ja wohl nicht wahr sein!	**No pot esser vera.** *nicht (er-)kann sein wahr*
Es ist unglaublich.	**És increïble.**
Mein Gott!	**Déu meu!**
Aber was ist denn passiert?	**Però què ha passat?** *aber was (er-)hat passiert*
Da ist mir der Unterkiefer runtergefallen.	**M'he quedat embambat.** *mich'(ich-)habe geblieben verblödet*

Sich unwohl fühlen

Ich fühle mich nicht gut heute.	**No me trob bé avui.** *nicht mich (ich-)finde gut heute*
Mir geht es gar nicht gut.	**No estic gens bé.** *nicht (ich-)bin überhaupt-nicht gut*
Ich bin völlig fertig.	**Estic fet pols.** *(ich-)bin gemacht Staub*
Ich fühle mich kränklich.	**No estic catòlic.** *nicht (ich-)bin katholisch*
Ich fühle mich krank.	**Me sent malalt.** *mich (ich-)fühle krank*

Sich langweilen

Ich langweile mich.	**M'estic avorrint.** *mich (ich-)bin langweilend*
Mir ist stinklangweilig.	**M'avorresc com una ostra.** *mich (ich-)langweile wie eine Auster*
Langweilst du dich nicht?	**No t'avorreixes?** *nicht dich'(du-)langweilst*
Was tun wir hier?	**Què feim per aquí?** *was (wir-)machen für hier*
Dieser Film sagt mir nichts.	**Aquesta pel.lícula no me diu res.** *diese Film nicht mir (sie-)sagt nichts*

Enttäuscht sein

Ich bin enttäuscht.	**Estic desenganat.** *(ich-)bin enttäuscht*
Wie schade!	**Quina llàstima!** *welche schade*
Das hat sich nicht gelohnt.	**No ha pagat la pena.** *nicht (er-)hat bezahlt die Mühe*
Was soll man da machen?	**Què hi hem de fer?** *was da (wir-)haben zu machen*
Da kann man nichts machen.	**No s'hi pot fer res.** *nicht sich'da (er-)kann machen nichts*

Angst haben

Ich bin besorgt wegen ...	**Me preocupa ...** *mich (er-)beunruhigt...*
Ich mache mir Sorgen wegen ...	**Estic preocupat per ...** *(ich-)bin besorgt für*
Ich habe Angst.	**Tenc por.** *(ich-)habe Angst*
Ich habe mich erschrocken.	**M'he espantat.** *mich'(ich-)habe erschrocken*
Es macht mir ein bißchen Angst	**Me fa una mica de por.** *mir (er-)macht eine bißchen von Angst*
Ich habe einen Mordsschiß.	**Estic concagat de por.** *(ich-)bin eingeschissen von Angst*

Mitleid haben

Was für ein Pech!	**Quina mala sort!** *welche schlechte Glück*
Du Armer!	**Pobre!** *Armer*
Ich kann mir vorstellen, wie dir zumute sein muß.	**Me puc imaginar com te deus sentir.** *mir (ich-)kann vorstellen wie dich (du-)magst fühlen*

Eine Riesenschweinerei, was sie da mit dir gemacht haben.
Quina putada que t'han feta!
welche Hurerei die dir'(sie-)haben gemacht

Es tut mir leid, daß dir das passieren mußte.
Me sap greu que t'hagi passat això.
mir (er-)schmeckt schwer daß dir'(er-)habe passiert das

Trösten

So schlimm ist es nun auch wieder nicht.
No és per tant, homo.
nicht (er-)ist für soviel Mann

Es hätte auch schlimmer ausgehen können.
Hauria pogut acabar pitjor.
(er-)hätte gekonnt enden schlimmer

Das wird schon wieder in Ordnung kommen
Això ja s'arreglarà.
das schon sich'(er-wird-)regeln

Sich verteidigen

Lassen Sie mich in Ruhe!
Deixi'm tranquil/tranquil.la!
(Sie-)lassen(!)'mich ruhig(m/w)

Werden Sie nicht lästig!
No se posi pesat!
nicht sich (Sie-)werden(!) schwer

Laß mich in Ruhe!
Deixa'm fer!
laß(!)'mich machen

Sei still!
Vols callar!
(du-)willst schweigen

Merkst du nicht, daß du störst?	**No veus que fas nosa?** *nicht (du-)siehst daß (du-)machst Belästigung*
Du bist vielleicht aufdringlich!	**Quin plom que ets!** *welcher Blei daß (du-)bist*
Geh zur Hölle!	**Ves-te'n a fregir moneies!** *geh(!)-dich'davon zu braten Affen*
Geh mir nicht auf den Geist!	**No me toquis es collons!** *nicht mir berühre(!) die Hoden*

Einen Rat geben

Mach's doch.	**No dubtis!** *nicht (du-)zweifeltest*
Wenn ich du wäre, würde ich es machen.	**Si jo fos de tu, ho faria.** *wenn ich wäre von du er (ich-)täte*
Tu's nicht.	**No ho facis.** *nicht er (du-)tätest*
Tu es.	**Fes-ho.** *mach(!)-er*

Beurteilen

Ich mag den Wein sehr.	**Es vi m'agrada molt.** *der Wein mir'(er-)gefällt sehr das*
Das finde ich toll.	**Això m'encanta.** *mich'(er-)verzaubert*

Peter finde ich sehr nett.	**En Pere, el trob molt simpàtic.** *der Peter ihn (ich-)finde sehr sympathisch*
Rosa mag ich sehr.	**Na Rosa me cau molt bé.** *die Rosa mir (sie-)fällt sehr gut*
Joseph kann ich nicht ausstehen.	**En Pep me cau fatal.** *der Joseph mir (er-)fällt fatal*
Ich ertrage keinen Flamenco.	**No suport es flamenc.** *nicht (ich-)ertrage der Flämische*
Ich hasse halbrohes Fleisch.	**Me fa oi sa carn mig crua!** *mir macht Ekel die Fleisch halb rohe*
Ich verabscheue französische Musik.	**Detest sa música francesa.** *(ich-)verabscheue die Musik französische*

agradable	angenehm
amable	freundlich
bonic	hübsch
cursi	kitschig
cutre	geschmacklos
de molt bon gust	geschmackvoll
fantàstic	phantastisch
fatal	scheußlich
graciós	lustig
horrible	schrecklich
insuportable	unerträglich
repugnant	abstoßend

Sympathie

Du bist mir sympathisch.	**Me caus molt simpàtic.** *mir (du-)fällst sehr sympathisch*
Du bist großartig.	**Ets magnífica.** *(du-)bist großartig(w)*
Du gefällst mir.	**M'agrades.** *mir'(du-)gefällst*

Liebe

Ich liebe dich.	**T'estim.** *dich'(ich-)licbc*
Ich liebe dich auch.	**Jo t'estim també.** *ich dich liebe auch*
Ich habe mich verliebt.	**M'he enamorat.** *mich (ich-)habe verliebt*
Ich habe schon einen Freund.	**Ja tenc un company.** *schon (ich-)habe ein Genossen*
Meine Freundin hat mich gerade verlassen.	**Sa meva companya m'acaba d'abandonar.** *die meine Genossin mich'(sie-)beendet zu'verlassen*
Ich habe mich in Peter verliebt.	**M'he enamorat d'en Pere.** *mich'(ich-)habe verliebt von'der Peter*

Floskeln und Redewendungen

Allgemeine Floskeln

Escolta ...	He!, Hör mal!
Escolti ...	Hören Sie.
Me permet?	Gestatten Sie?
Té! / Tengui!	Nimm! /Nehmen Sie! (= Bitte!)
Homo ...	Na ja ...
Mem ...	Zeig mal ...., Zeigen Sie mal ...., Mal sehen ...
Com ha dit?	Was haben Sie gesagt?
Imagina't!	Stell dir mal vor ...
Fixa't!	Sieh mal an.
Què hi ha?	Was liegt an?
És a dir ...	Das heißt, ...
A més a més ...	Außerdem ...
Per s'altra banda ...	Andererseits ...
Tanmateix ...	Dennoch ...

Hinweisschilder

obert	geöffnet	**serveis, servicis**	Toiletten
tancat	geschlossen	**homes, homos**	Herren
entrada	Eingang	**dones**	Damen
sortida	Ausgang	**estirau**	ziehen
		empenyeu	drücken
		lliure	frei
		ocupat	besetzt

No fumeu!	Nicht rauchen!
No trepitgeu la gespa!	Rasen nicht betreten!
perill de mort	Lebensgefahr

Bekanntschaften machen

So könnte Ihr erstes Gespräch aussehen:

Entschuldigung, hast du mal Feuer für mich?	**Perdona, tens foc?** *entschuldige(!) (du-)hast Feuer*
Nein, tut mir leid, aber ich rauche nicht.	**No, me sap greu, però no fum.** *nein mir (er-)schmeckt schwer aber nicht (ich-)rauche*
Sag mal, du bist aber nicht von hier, stimmt's?	**Escolta, però tu no ets d'aquí, no és vera?** *zuhör(!) aber du nicht (du-)bist von'hier nicht (er-)ist wahr*
Nein, ich bin Deutsche.	**No, som alemanya.** *nein (ich-)bin Deutsche*
Aber wieso sprichst du dann Mallorquinisch?	**Però com és que xerres mallorquí?** *aber wie (er-)ist daß (du-)sprichst Mallorquinisch*
Ich spreche noch nicht richtig; ich kann es nur ein bißchen.	**No el parl encara; només en sé un poc.** *nicht ihn (ich-)spreche noch nur davon (ich-)weiß ein wenig*
Also das finde ich ganz toll!	**Idò, estic contentíssima!** *also (ich-)bin zufriedenst(w)*
Warum setzt du dich nicht zu uns?	**Perquè no t'asseus amb noltros?** *warum nicht dich'(du-)setzt mit uns*
Jetzt hast du immer noch kein Feuer ...	**Així encara no tens foc ...** *so noch nicht (du-)hast Feuer ...*

Namen

Wie heißt du?	**Què noms?** *was (du-)heißt*
Ich heiße Margalida; und du?	**Jo nom Margalida; i tu?** *ich (ich-)heiße Margarete und du*
Das ist mein Freund Pep (=Joseph).	**Això és es meu amic en Pep.** *das (er-)ist der mein Freund der Josef*
Hallo, wie geht's?	**Hola, com anam?** *hallo wie (wir-)gehen*
Und wie ist dein Nachname?	**I quin és es teu llinatge?** *und welcher (er-)ist der dein Ahnenreihe*
Darf ich Ihnen Herrn Puig vorstellen: ...	**Li present el senyor Puig: ...** *ihm (ich-)presentiere der Herr Puig*
Angenehm.	**Molt de gust.** *viel von Genuß*

In der Disco

Heute machen wir einen drauf.	**Anam de marxa, avui.** *(wir-)gehen von Marsch heute*
Möchtest du tanzen?	**Vols ballar?** *(du-)willst tanzen*
Nein, entschuldige, aber jetzt habe ich keine Lust.	**No, perdona, però ara no en tenc ganes.** *nein entschuldige(!) aber jetzt nicht davon (ich-)habe Lüste*

Ja gern. Komm, gehen wir.	**I tant! Vénga, anem-hi.** *und soviel (er-/sie-)komme (wir-)gehen(!)-hin*	
Ich hab doch schon gesagt: Nein!, verdammt nochmal.	**Ja t'he dit que no, cony!** *schon dir'(ich-)habe gesagt daß nein Möse*	

Das Katalanische hat eine mediterrane Schimpfkultur, die uns auf den ersten Blick schockierend obszön vorkommt. Die deutschen Übersetzungen geben den wörtlichen Sinn wieder, vermitteln aber einen falschen Eindruck davon, wie vulgär ein Schimpfwort auf Katalanen wirkt. Das Wort Cony! *beispielsweise ist hier kaum stärker als das deutsche „Verdammt nochmal!".*

Bist du mit mehreren Leuten hier?	**Has vengut amb més gent?** *(du-)hast gekommen mit mehr Leute*	
Gehen wir einen Moment raus?	**Sortim un moment?** *(wir-)rausgehen ein Moment*	
Kommst du mit?	**Véns?** *(du-)kommst*	
Warum gehen wir nicht an einen ruhigeren Ort?	**Perquè no anam a un lloc més tranquil?** *warum nicht (wir-)gehen zu ein Ort mehr ruhig*	

An der Theke

Gehen wir an die Theke, einen Schluck trinken?
Anam a sa barra a fer una copa?
(wir-)gehen an die Theke zu machen eine Glas

Was nimmst du?
Què prens tu?
was (du-)nimmst du

Was empfiehlst du mir?
Què m'aconselles?
was mir'(du-)empfiehlst

Also ich jedenfalls nehme einen Longdrink.
Bé, jo per sa meva part prenc un cubata.
gut ich für die meine Teil (ich-)nehme ein Longdrink

ein Bier vom Faß	**una canya**
ein Glas Sekt	**una copa de xampany**
ein Tonic-Water	**una tònica**
ein O-Saft	**un suc de taronja**
ein Campari mit Eis	**un campari amb gel**

Jetzt lade aber ich dich ein!
Ara te convid jo, però!
jetzt dich (ich-)einlade ich aber

Zu Gast sein

Im Mittelmeerraum findet das gesellschaftliche Leben nicht in Privatwohnungen, sondern in Bars und Cafés statt, und Mallorca bildet da keine Ausnahme; eine normale Verabredung mit Mallorquinern wird daher immer in irgendeinem Lokal stattfinden. Wenn Sie dennoch zu jemand nach Hause eingeladen werden, kann dies nur zweierlei heißen: Entweder die Wohnung ist nur der erste Treffpunkt, von dem aus der Zug durch die „Gemeinde“ beginnt; in diesem Fall brauchen Sie nichts mitzubringen, und man wird Ihnen nur ein Getränk und ein paar Oliven anbieten. Sind Sie dagegen wirklich eingeladen, so bedeutet dies auf jeden Fall eine Einladung zum Essen – zu einem umfänglichen Mahl, um genau zu sein. In diesem Fall ist ein Mitbringsel nicht fehl am Platz, allerdings bitte nicht die typisch deutschen Blumen (nur bei Heiratsanträgen und Beerdigungen!), sondern entweder eine Flasche katalanischen Champagner (es xampany) oder aber einen geeigneten Nachtisch für die gesamte Gesellschaft (Eisbombe oder Kuchen).

Ein typisches Festmahl besteht stets aus mehreren Gängen, und es ist empfehlenswert, sich am Anfang etwas zurückzuhalten, um später nicht verfrüht abdanken zu müssen und damit möglicherweise die Gastgeber zu

Pl. Espanya
of. Turisme

kränken. Zuerst gibt es einen Aperitiv (s'aperitiu) und einige Appetithäppchen (ses tapes) zur Einstimmung, darauf folgt der erste Gang (es primer plat), dann der zweite (es segon plat), meistens mit gebratenem Fleisch oder Fisch, wozu Wein gereicht wird und man sich aus der gemeinsamen Salat- bzw. Brotschüssel bedient; zum Nachtisch gibt es Pudding (es flam, sa crema catalana) und Obst (sa fruita). Kein mallorquinisches Essen endet ohne Kaffee (es cafè) und ein Gläschen Kräuterlikör (ses herbes), und es kann Ihnen durchaus passieren, daß dazu auch noch Kuchen (es pastís) und Süßigkeiten (es dolços) auf den Tisch kommen – wer da nach deutschem Brauch nur einen Gang erwartet und sich bereits beim primer plat leidlich satt ißt, kann da schon in Bedrängnis geraten. Anders als in vielen deutschen Familien ist das eigentlich Wichtige beim Essen jedoch nicht das Essen als Selbstzweck, sondern die sogenannte sobretaula (wörtlich: *über-Tisch*), das gesellige Zusammensitzen beim Kaffee, das sich oft Stunden hinzieht – Zeit genug also, um sich mit dem Katalanischen zu versuchen.

	Wie schmecken dir die Pfahlmuscheln?	**Què te pareixen es musclos?** *was dir (sie-)scheinen die Pfahlmuscheln*
	Sie schmecken mir hervorragend!	**M'agraden molt!** *mir'(sie-)gefallen sehr*
	Wie schmeckt Ihnen die Paella?	**Què li pareix sa paella?** *was ihm (sie-)scheint die Pfanne*
	Sie ist ausgezeichnet!	**És boníssima!** *(sie-)ist gutest*
	Willst du noch Wein?	**Vols més vi?** *(du-)willst mehr Wein*
	Nein danke, ich möchte keinen mehr.	**No, gràcies, no en vull més.** *nein danke nicht davon (ich-)will mehr*
	Möchten Sie noch etwas Fisch?	**Vol un poquet més de peix?** *(er-)will ein bißchen mehr von Fisch*
	Ja bitte, geben Sie mir noch ein bißchen davon.	**Sí, gràcies, me'n posi un poquet més.** *ja danke mir'davon (Sie-)auftuen(!) ein bißchen mehr*
	Ich kann nicht mehr.	**No puc més.** *nicht (ich-)kann mehr*
	Ich bin mehr als satt.	**Estic més que tip.** *(ich-)bin mehr als satt*
	Darf ich abräumen?	**Puc llevar es plats?** *(ich-)kann mitnehmen die Teller*

Trinken Sie einen Kaffee mit?	**Prendrà cafè?** *(er-wird-)nehmen Kaffee*
Trinkst du einen Kräuterlikör mit?	**Prendràs unes herbes?** *(du-wirst-)nehmen einige Kräuter*
Wie gefällt dir Mallorca?	**Què te pareix Mallorca?** *was dir (sie-)scheint Mallorca*
Es gefällt mir sehr.	**M'agrada força.** *mir (sie-)gefällt ziemlich*
Gefällt Ihnen der ball de bot?	**Li agrada es ball de bot?** *ihm (er-)gefällt der Tanz von Sprung*
Was ist denn „ball de bot"?	**I què és es "ball de bot"?** *und was (er-)ist der Tanz von Sprung*
Das ist der mallorquinische Volkstanz, und den tanzt man so ...	**És es ball típic de Mallorca i se balla així ...** *(er-)ist der Tanz typisch von Mallorca und sich (er-)tanzt so*

Alter

Wie alt bist du?	**Quants d'anys tens?** *wieviele von'Jahren (du-)hast*
Ich bin fünfundzwanzig.	**En tenc vint-i-cinc.** *davon (ich-)habe 20-und-5*
Mal sehen, ob du sein Alter errätst.	**Mem si endevines sa seva edat.** *mal-sehen ob (du-)errätst die seine Alter*

Wie alt schätzt du mich?	**Quants d'anys me fas?** *wieviele von'Jahren mir (du-)machst*
Ich schätze dich auf ungefähr zweiundreißig Jahre.	**Te'n faig uns trenta-dos.** *dir'davon (ich-)mache einige dreißig-zwei*
Fast. Mehr oder weniger.	**Quasi. Mes o manco.** *fast mehr oder weniger*
Du wirkst jünger.	**Pareixes més jove.** *(du-)scheinst mehr jung*

Familie

Haben Sie Geschwister?	**Té germans?** *(er-)hat Brüder*
Allerdings: einen Bruder und eine Schwester.	**Sí que en tenc: un germà i una germana.** *ja daß davon (ich-)habe ein Bruder und eine Schwester*
Nein, ich bin Einzelkind.	**No, som fill únic.** *nein (ich-)bin Sohn einzig*
Bist du verheiratet?	**Ets casat/casada?** *(du-)bist verheiratet(m/w)*
Nein, ich bin noch ledig.	**No, som fadrí/fadrina encara.** *nein (ich-)bin ledig(m/w) noch*
Nein, ich bin nicht verheiratet; und du?	**No, no som casat/casada; i tu?** *nein nicht (ich-)bin verheiratet(m/w) und du*

Ja, aber mein Mann/meine Frau ist in Deutschland geblieben.	**Sí, però es meu homo/sa meva dona s'ha quedat a Alemanya.** *ja aber der mein Mann/die meine Frau sich (er-/sie-)hat geblieben in Deutschland*
Wir haben einen Sohn und zwei Töchter.	**Tenim un fill i dues filles.** *(wir-)haben ein Sohn und zwei Töchter*

Wenn man von seinen eigenen Eltern spricht, werden auf Mallorca normalerweise nicht die neutralen Wörter pare (Vater) und mare (Mutter) benutzt, sondern Formen mit "angeklebten" Possessivpronomen:

Jetzt stelle ich dir meinen Vater und meine Mutter vor.	**Ara te presentaré mumpare i mumare.** (geschrieben: **mon pare i ma mare**) *jetzt dir (ich-werde-)vorstellen mein-Vater und meine-Mutter*

Diese Formen werden sogar für die Anrede verwendet, d. h. ein mallorquinisches Kind würde seinen Vater mit dem Wort Mumpare! rufen. Auch wenn man von den Eltern anderer spricht, benutzt man gern entsprechende Formen:

Heute habe ich Joans Eltern kennengelernt.	**Avui he conegut son pare i sa mare de'n Joan.** *heute (ich-)habe gekannt sein-Vater und seine-Mutter von'der Johannes*

es pares		die Eltern	
es familiars		die Verwandten	
pare	Vater	**mare**	Mutter
germà	Bruder	**germana**	Schwester
padrí	Opa	**padrina**	Oma
fill	Sohn	**filla**	Tochter
onclo	Onkel	**tia**	Tante
nét	Enkel	**néta**	Enkelin
cosí	Cousin	**cosina**	Cousine
marit	Gatte	**muller**	Gattin
nebot	Neffe	**neboda**	Nichte

Statt padrí, padrina *(Opa, Oma) sprechen die meisten Mallorquiner* pradí, pradina. *Für Onkel hört man oft auch das Wort* conco. *Die Ausdrücke* marit *und* muller *sind ziemlich förmlich; ebenso wie im Deutschen sagt man umgangssprachlich lieber* es meu homo *„mein Mann" und* sa meva dona *„meine Frau".*

Beruf

Was arbeitest du? — **De què fas?**
von was (du-)tust

Ich studiere noch. — **Encara som estudiant.**
noch (ich-)bin Student

Was tun Sie beruflich? — **A què se dedica vostè?**
auf was sich (er-)widmet euer-Gnaden

Ich bin Koch. — **Faig de cuiner.**
(ich-)mache von Koch

Ich bin Ingenieurin. — **Som enginyera.**
(ich-)bin Ingenieurin

Ich bin arbeitslos. — **Estic aturat/aturada.**
(ich-)bin angehalten(m/w)

Som ...		Ich bin ...
aturat	**aturada**	arbeitslos
empleat	**empleada**	Angestellte(r)
metge	**metgessa**	Arzt, Ärztin
forner	**fornera**	Bäcker(in)
perruquer	**perruquera**	Friseur(in)
	mestressa de casa	Hausfrau
enginyer	**enginyera**	Ingenieur(in)
infermera	**infermer**	Krankenschwester/-pfleger
professor	**professora**	Lehrer(in) (Gymnasium)
mestre	**mestra**	Lehrer(in)
picapedrer		Maurer
mecànic	**mecànica**	Mechaniker(in)
jubilat	**jubilada**	Renter(in)
	secretària	Sekretärin
estudiant	**estudiant**	Student(in)
fuster	**fustera**	Tischler(in)

Einkaufen

Guten Tag!	**Hola, bon dia!** *hallo guter Tag*
Kann ich Ihnen behilflich sein?	**Li puc ajudar en res?** *ihm (ich-)kann helfen in nichts*
Ja, ich suche ein katalanisch-deutsches Wörterbuch.	**Sí, cerc un diccionari català-alemany.** *ja (ich-)suche ein Wörterbuch Katalanisch-Deutsch*
Haben Sie Wörterbücher?	**Tenen diccionaris?** *(sie-)haben Wörterbücher*
Welches können Sie mir empfehlen?	**Quin me podria recomanar?** *welcher mir (er-)könnte empfehlen*
Ich befürchte, wir haben momentan nur dieses.	**Me tem que ara per ara només tenim aquest.** *mir (ich-)fürchte daß jetzt für jetzt nur (wir-)haben dieser*
Könnte ich das Buch bestellen?	**Podria encarregar es llibre?** *(ich-)könnte bestellen der Buch*
Ich brauche ein Paar leichte Schuhe.	**Necessit unes sabates lleugeres.** *(ich-)benötige einige Schuhe leichte*
Gefallen Ihnen diese?	**Mem si li agraden aquestes.** *mal-sehen ob ihm (sie-)gefallen diese*
Was kosten die?	**Quant valen?** *wieviel (sie-)sind-wert*

Ich befürchte, das ist mehr als ich ausgeben wollte. **Me tem que això és més del que me volia gastar.**
mir (ich-)fürchte daß das (er-)ist mehr von-der daß mir (ich-)wollte ausgeben

Das finde ich etwas teuer. **Ho trob un poc car.**
er (ich-)finde ein wenig teuer

Das finde ich etwas überzogen. **Me pareix un poc exagerat.**
mir (er-)scheint ein bißchen übertrieben

Haben Sie keine preiswerteren? **No en té de més barates?**
nicht davon (er-)hat von mehr billige

Sie sind preiswert. **Estan bé de preu.**
(sie-)sind gut von Preis

Ich glaube, die nehme ich. **Crec que les me qued.**
(ich-)glaube daß sie mir (ich-)bleibe

Ich nehme die hier. **Me qued amb aquestes.**
mich (ich-)bleibe mit diese

	Einkaufsliste
ses piles	Batterien
es segell	Briefmarke
es llibre	Buch
es còmpact	CD
sa crema	Creme
ses compreses	Damenbinden
es desodorant	Deo(dorant)
es gel de dutxa	Duschgel
... de recanvi	Ersatz-...
sa pel.licula en color	Farbfilm
sa bombeta	Glühbirne
es texans	Jeans
sa pinta	Kamm
sa cinta verge	Leerkassette
sa cinta	Musikkassette
es mocadors de paper	Papiertaschentücher
ses tiretes	Pflaster
sa postal	Postkarte
es preservatius	Präservative
ses fulles d'afaitar	Rasierklingen
es paquet de tabac	Schachtel Zigarretten
es sabó	Seife
es xampú	Shampoo
s'oli bronzejador (m)	Sonnenöl
es plànol (de sa ciutat)	Stadtplan
es tampons	Tampons
es paper de wàter	Toilettenpapier
es detergent (en pols)	Waschpulver
es bolquers	Windeln
s'espalmador de dents (m)	Zahnbürste
sa pasta de dents	Zahnpasta

In der Markthalle

Lebensmittel kauft man auf Mallorca am besten in einer Markthalle (es mercat) ein, es sei denn, man hat Glück und findet einen Wochenmarkt. Die Umgangsformen haben dort ihren eigenen Reiz, und Sie sollten sich nicht wundern,wenn man Sie je nach Lust und Laune duzt oder siezt, Sie als rei/reina (König/Königin), guapo/guapa (Schöner/Schöne) oder ähnlich anredet. Hausfrauen und „Profis" können dort teilweise durch Handeln noch etwas auf den Preis drücken, unsereiner hat damit jedoch realistischerweise keine Chance.

Wer ist der Letzte (in dieser Schlange)?
Qui és es darrer?
wer (er-)ist der Letzte

Ich glaube, ich bin jetzt dran.
Me pareix que ara me toca a jo.
mir (er-)scheint daß jetzt mich (er-)berührt an ich

Was darf's sein?
Què te pos, reina?
was dir (ich-)lege Königin

Was kosten die Paprikaschoten?
A quant pugen es pebres?
auf wieviel (sie-)steigen die Paprikas

Was kosten diese Kartoffeln?
Què valen aquestes patates?
was (sie-)sind-wert diese Kartoffeln

	Sie kosten 1,50 Euro das Kilo.	**Pugen a un Euro amb cinquanta es quilo.** *(sie-)steigen auf ein Euro mit fünfzig der Kilo*
👂	Und was kosten die Wassermelonen?	**I a quant estan ses síndries?** *und auf wieviel (sie-)sind die Wassermelonen*
👂	Was darf's sonst noch sein?	**Què més te pos, jove?** *was mehr dir (ich-)lege Junger*
👂	Geben Sie mir davon ein Kilo.	**Me'n posi un quilo.** *mir'davon (Sie-)legen(!) ein Kilo*
	Das macht zusammen 26,32 (Euro).	**Això fa vint-i-sis amb trenta-dos tot plegat.** *das (er-)macht zwanzig-und-sechs-mit dreißig-zwei alles zusammen*
👂	Auf Wiedersehen.	**Adéu, que vagi bé.** *zu Gott dass (er-)gehe gut*

Obst

Äpfel	**ses pomes**
Apfelsinen	**ses taronges**
Aprikosen	**ets aubercocs**
Honigmelone	**es meló**
Kirschen	**ses cireres**
Pfirsiche	**es melicotons**
Wassermelone	**sa síndria**
Zitronen	**ses llimones**

Gemüse

Bohnen	**ses mongetes**
Erbsen	**es pèsols**
Gurke	**es cogombre**
Karotten	**ses pastanagues**
Kartoffeln	**ses patates**
Kichererbsen	**es ciurons**
Knoblauch	**s'all (ets alls)**
Kopfsalat	**sa lletuga**
Linsen	**ses llenties**
Mangold	**ses bledes**
Paprika	**es pebre** (*prebe*)
Salat	**s'enciam (m)**
Tomaten	**ses tomàtigues**
Zwiebeln	**ses cebes**

Fleisch und Fisch

Fisch	**es peix**
Fleisch	**sa carn**
Hähnchen	**es pollastre**
Kochschinken	**es cuixot dolç**
mallorquinische Paprikastreich-wurst	**sa sobrassada**
Paprikawurst	**es xoriç**
Rindfleisch	**sa carn de bou**
Schinken	**es cuixot (salat)**
Schweinefleisch	**sa carn de porc**
Würstchen	**sa salsitxa**

Sonstige Lebensmittel und Gewürze

belegtes Baguette	**s'entrepà (m)**
Brot	**es pa**
Butter	**sa mantega**
Ei	**s'ou (m)**
Eis	**es gelat**
Kaffee	**es cafè**
Käse	**es formatge**
Kekse	**ses galetes**
Kuchen	**es pastís**
Milch	**sa llet**
Pfeffer	**es pebre bo**
... Saft	**es suc de ...**
Salz	**sa sal**
Schokolade	**sa xocolata**
Zucker	**es sucre**

Essen und Trinken

In spanischen Bars kann man nicht nur trinken, es gibt auch eine ausgefeilte Kultur kleiner Leckereien, die man sich zum Getränk dazubestellt: die sogenannten tapes, die auf einem kleinen Tellerchen serviert werden und mit einer Art Kuchengabel oder auch mit Zahnstochern gegessen werden. Ursprünglich kein mallorquinischer Brauch, hat sich die Tapa-Kultur mit der Ankunft der südspanischen Einwanderer mittlerweile auch auf Mallorca durchgesetzt.

Una de ...
eine von ...
Eine Portion ...

calamars	Tintenfischringe
caragols	Schnecken
musclos	Pfahlmuscheln
olives	Oliven
sípia	Tintenfisch
truita de patates	Kartoffelomelett
xampinyons	gebratene Champignons

Am besten ist es, Sie schauen sich an der Theke (es tasser) an, was es gibt, und erfragen, wie es heißt, bzw. Sie zeigen mit dem Finger darauf und bestellen einfach:

Una d'això.
Eine Portion davon.

Wer sich gar nicht entscheiden kann, bestelle einfach un variat – man bekommt dann von allem eine Probierportion.

In Restaurants wird meistens ein Menü (el menú) *angeboten, das stets aus mehreren Gängen besteht und im Vergleich zum Bestellen à la carte einen deutlichen Preisvorteil bringt. Normalerweise besteht innerhalb des Menüs bei jedem einzelnen Gang* (primer plat, segon plat, postres) *immer noch eine Wahlmöglichkeit zwischen alternativen Gerichten.*

Necessitam una taula per a ... persones.
(wir-)benötigen eine Tisch für zu ... Personen
Wir brauchen einen Tisch für ... Personen.

Ja podem dinar/sopar?
schon (wir-)können zu-Mittag-essen/zu-Abendessen
Können wir schon Mittagessen/Abendessen bekommen?

Podria veure es menú, per favor?
(ich-)konnte sehen der Menü für Gefallen
Könnte ich bitte das Menü sehen?

Què voldrien beure, vostès?
was (sie-)wollten trinken Eure-Gnaden
Was möchten Sie trinken?

Què mos recomana?
was uns (er-)empfiehlt
Was empfehlen Sie uns?

Mos podria dur sa carta, per favor?
uns (er-)könnte bringen die Karte für Gefallen
Könnten Sie uns wohl bitte die Karte bringen?

Als ersten Gang nehmen wir ...	**De primer agafam ...** *von erster (wir-)nehmen*
Als zweiten Gang möchte ich ...	**De segon voldria ...** *von zweiter (ich-)möchte*
Bringen Sie uns ...	**Mos dugui ...** *uns (er-)bringe*
Bringen Sie mir ...	**Me dugui ...** *mir (er-)bringe*

Mos falta ...
Uns fehlt ...

una forqueta	eine Gabel
un guinavet	ein Messer
una cullera	ein Löffel
un plat	ein Teller
un tassó	ein Glas
sa sal	das Salz
es pebre bo	der Pfeffer
un torcaboques	eine Serviette

Kannst du mir bitte mal das Salz geben?	**Me pots passar sa sal, per favor?** *mir (du-)kannst reichen die Salz für Gefallen* Kannst du mir bitte mal das Salz geben?
Könnten Sie mir bitte den Salat rüberreichen?	**Me podria passar es trempó, per favor?** *mir (er-)könnte reichen der Salat für Gefallen* Könnten Sie mir bitte den Salat rüberreichen?

Das habe ich nicht bestellt.

Això no és lo que havia demanat.
das nicht (er-)ist das was (ich-)hatte bestellt
Das habe nicht bestellt.

Können Sie mir das wohl umtauschen?

Me pot canviar això?
mir (er-)kann tauschen das

Es ist zu salzig/sauer/süß.

És massa salat/agre/dolç.

Bringen Sie uns bitte die Rechnung.

Mos dugui es compte, per favor!
uns (Sie-)bringen(!) der Rechnung für Gefallen

Das Trinkgeld (sa propina) *läßt man üblicherweise auf dem Tellerchen zurück, auf dem einem die Rechnung präsentiert wird.*

Im Café

orxata	Erdmandelmilch
cafè (m)	Espresso
tallat (m)	Espresso mit einem Schuß Milch
cafè amb llet	französischer Milchkaffee
cafè amb gel	Espresso mit Eiswürfeln
granissat (m)	zerstoßenes Wassereis mit Strohhalm (ähnlich der ital. „granita")
gelat (m)	Milchspeiseeis
te	schwarzer Tee
infusió	Kräuter- oder Früchtetee
colacao (m)	Kakao

Typische Speisen Mallorcas

Die wirklich traditionellen Gerichte Mallorcas haben wenig gemein mit dem, was man sich als Mitteleuropäer so unter „südlicher Küche“ vorzustellen pflegt: nicht Scampi, leichte Salate oder raffinierte Gewürzkompositionen, sondern Kohl, ungesäuertes Graubrot, Schweinefleisch und Schmalz bilden die Grundlage einer eher bäuerischen Diät, die man erst dann schätzen lernt, wenn man sich von seiner kulinarischen Erwartungshaltung befreit hat. Angesichts der geographischen Natur Mallorcas ist es eigentlich verwunderlich, stimmt aber dennoch: Traditionell spielt Fisch in der mallorquinischen Küche kaum eine Rolle. Grundlage ist vielmehr das Fleisch des porc negre, einer schwarzen Schweinerasse, die nicht zuletzt auch einen sehr schmackhaften luftgetrockneten Schinken (cuixot) liefert. Vom Schwein wird so ziemlich alles verwertet und das jährliche Schlachtfest bildet den kulinarischen Höhepunkt des Jahres. Die folgenden Speisen wären ohne dieses Schlachtfest undenkbar:

frit mallorquí Frittierte Innereien mit Kartoffeln und Paprika, delikat mit Fenchel gewürzt.

sobrassada Eine luftgetrocknete orangefarbene Paprikastreichwurst, die sowohl roh als auch gebraten gegessen wird; gern streicht man sie als Aperitiv auch auf die salzigen galletes d'Inca (Kekse aus Inca) oder quelitas.

botifarrons

Kleine, mit Zimt, Fenchel und schwarzem Pfeffer gewürzte Blutwürste, die auf offener Glut gegrillt am besten schmecken.

camaiot

Wird auf pa amb oli gegessen; grau und unansehnlich, schmeckt ein guter camaiot um Klassen besser, als er aussieht ...

Zum Frühstück gibt es ensaimades, ein schnekkenförmiges Gebäck von der Größe eines deutschen Hefestücks, das umso saftiger schmeckt, je mehr Schmalz (saïm) darin verarbeitet worden ist. Die pizzagroße Familienversion der ensaimada kann man in jeder Konditorei (pastisseria) kaufen. Sie schmeckt nur entfernt so, wie die kleine Einpersonenvariante und ist oft mit Pudding (crema) oder Kürbiskonfitüre (cabell d'àngel) gefüllt. Unter Festlandspaniern ist es beinahe obligatorisch geworden, den Daheimgebliebenen von Mallorca eine ensaimada mitzubringen; auch die abgelegenste Konditorei ist daher stets auf eine reisetaugliche Verpackung des Backwerks vorbereitet.

Auch die folgenden mallorquinischen Speisen sollten Sie einmal probieren:

pa amb oli

Mit Olivenöl beträufeltes, ohne Salz gebackenes Bauernbrot, eingerieben mit Tomate und Salz; darauf ißt man Schinken, Wurst oder auch Käse. Als traditionelle Beilage gibt es sauer Eingelegtes; typisch sind vor allem der fonoll marí (Meeresfenchel), eine Algenart, und tàperes (Kapern).

sopes mallorquines Sopes im Plural sind nicht zu verwechseln mit sopa im Singular, was einfach nur Suppe heißt! Sopes sind keinsfalls eine Suppe, sondern ein Gericht dessen Grundlage aus Kohl (Wirsing) und einem speziell dafür hergestellten Brot besteht; das Brot saugt die gesamte Flüssigkeit auf. Das Gericht war vor noch nicht allzulanger Zeit das Frühstück, Mittag- und Abendessen der Landbevölkerung und muß daher schon aus kulturgeschichtlichem Pflichtbewußtsein probiert werden. Es schmeckt überraschend anders, als man es nach dieser Beschreibung erwarten würde!

tumbet (*tumbött*) Die mallorquinische Version des Gerichts, das international unter dem französischen Namen Ratatouille bekannt ist; beliebte Beilage zu Kurzgebratenem.

coca Im katalanischen Namen erkennt man unschwer die Verwandschaft mit dem Wort „Kuchen"; allerdings ist die mallorquinische coca eher eine Art Gemüsepizza ohne Käse, die es als coca de trempó (mit Paprika und Zwiebeln) oder coca de verdura (mit Mangold und Tomaten) in den meisten Bäckereien zu kaufen gibt; gut als Zwischenmahlzeit.

llom amb col Lende mit Kohl , eine Art Kohlroulade mit einem Stück Filet als Füllung.

arròs brut
"Schmutziger Reis", eine kräftige mallorquinische Safranreissuppe, zu der Radieschen (raves) gereicht werden.

paella
Ursprünglich valencianisches Safranreisgericht, das heute die gesamte Iberische Halbinsel erobert hat. Paella hat eigentlich mit Mallorca nicht viel zu tun, hat sich aber in den letzten Jahren auch dort durchgesetzt. Es gibt sie in vielen Varianten, z. B. als paella de marisc mit Meeresfrüchten oder als paella de conill i pollastre mit Hähnchen und Kaninchenfleisch. Das Wort paella entstammt dem valencianischen Dialekt und bedeutet eigentlich „Pfanne". Eine Variante dieses Gerichts, bei der statt Reis kleine Nudeln verwendet werden, heißt fideuà (valencianisches Dialektwort, eigentlich fideuada, von fideu = Suppennudel). Spezifisch mallorquinisch ist der Brauch, nach dem Vorbild des arròs brut auch zur Paella rohe Radieschen zu reichen.

all i oli
Knoblauch und Öl, eine handgerührte Knoblauchmayonnaise, die nichts als Olivenöl, einige zerquetschte Knoblauchzehen und ein Eigelb enthält. Man ißt sie zu Fleisch oder Meeresfrüchten.

arròs negre
Schwarzer Reis, ein Tintenfischrisotto, das durch die Tintenfischtinte schwarz gefärbt ist.

escalivada
Über der Glut geröstete, abgezogene Paprika- und Auberginenstreifen in Öl

truita	Omelett
truita de patates	Kartoffelomelett
truita francesa	Kräuteromelett
truita d'espinacs	Blattspinatomelett

Nach dem Essen empfiehlt sich der mallorquinische Kräuterlikör, den man einfach „Kräuter" nennt. Wenn Sie unes herbes bestellen, müssen Sie zudem noch die Entscheidung treffen, ob diese dolces oder seques, also sehr süß (dolces) oder etwas weniger süß (seques) ausfallen sollen. Ich rate zu letzterem ...

Toilette

On són es lavabos/servicis, per favor?
Wo sind die Toiletten, bitte?

Me podria donar paper de wàter, per favor?
mir (er-)könnte geben Papier von Klo für Gefallen
Könnten Sie mir bitte Toilettenpapier geben?

Falta sabó i una tovallola.
Es fehlt Seife und ein Handtuch.

Homes/Homos	Herren
Dones	Damen
ocupat	besetzt
lliure	frei

Unterkunft

Haben Sie ...?	**Té ...?**
Ich brauche ...	**Necessit ...**
Wir brauchen ...	**Necessitam ...**
ein Zimmer	**una habitació**
ein Doppelzimmer	**una habitació doble**
zwei Zimmer	**dues habitacions**
mit Bad	**amb bany**
mit Dusche	**amb dutxa**
mit zwei Betten	**amb dos llits**
Nur für eine Nacht.	**Per una nit només.**
Für ein paar Tage.	**Per uns dies.**
Für eine Woche.	**Per una setmana.**
Ich weiß noch nicht, bis wann ich bleibe.	**No sé encara fins quan me quedaré.** *nicht (ich-)weiß noch bis wann mich (ich-werde-)bleiben*
Könnte ich das Zimmer mal sehen?	**Podria veure s'habitació?** *(ich-)könnte sehen die Zimmer*
Prima, das nehme ich.	**Molt bé, la me qued.** *sehr gut sie mir (ich-)bleibe*
Haben Sie nicht ein ruhigeres/helleres/größeres/billigeres Zimmer?	**No tendrien una habitació més tranquil.la/lluminosa/gran/econòmica?** *nicht (sie-)hätten eine Zimmer mehr ruhig/hell/groß/ökonomisch*

Unterwegs

... zu Fuß

Wie komme ich zum/zur ...?	**Com s'hi va, a ...** *wie sich'dahin (er-)geht nach ...*
Wo hält der Bus nach ...?	**On s'agafa s'autobús cap a ...** *wo sich'(er-)nimmt der Bus Richtung auf*
Entschuldigung, wie komme ich zum Bahnhof?	**Disculpi, per anar a s'estació?** *(Sie-)entschuldigen(!) zu gehen zu die'Station*
Wo ist das nächste Postamt?	**On és sa pròxima oficina de correus?** *wo (sie-)ist die nächste Büro von Post*
Ist es sehr weit?	**És molt enfora?** *(er-)ist viel draußen*

ajuntament (m)	Rathaus
ambaixada	Botschaft
barriada (f)	Viertel
casc antic	Altstadt
centre (m)	Zentrum
cinema (m)	Kino
consulat (m)	Konsulat
estació	Bahnhof
mercat (m)	Markthalle
oficina de turisme	Fremdenverkehrsamt
parada d'autobús	Bushaltestelle
platja	Strand
port	Hafen
supermercat (m)	Supermarkt
universitat	Universität

Vagi ... Gehen Sie ...
Agafi ... Nehmen Sie ...
Seguesqui ... Folgen Sie ...
Giri ... Biegen Sie ab ...
Travessi ... Überqueren Sie ...

aquí	hier	**allà**	dort
a l'esquerra	links	**a la dreta**	rechts
recte	geradeaus	**a devora (de)**	neben
enfora	weit	**a prop**	nah
en es fons	ganz hinten	**an es final**	am Ende
en front (de)	vor	**sa cantonada**	die Ecke
es creuer	die Kreuzung	**es carrer**	die Straße
s'avinguda	die Hauptstraße	**sa plaça**	der Platz

... mit dem Taxi

Taxis sind in Spanien immer noch deutlich billiger als bei uns. Angesichts des schlecht organisierten öffentlichen Nahverkehrs werden Sie besonders nachts öfter darauf zurückgreifen müssen. Auch Überlandfahrten sind noch durchaus bezahlbar; lassen Sie sich die Liste mit den Pauschalpreisen zeigen. Freie Taxis erkennt man am grünen Lämpchen auf dem Dach und am Schild LLIURE. Meist wartet man einfach am Straßenrand und winkt das nächste freie Taxi heran.

Es ist üblich, dass Taxis an Flughäfen und anderen weit außerhalb liegenden Einrichtungen zusätzlich zum Taxameterbetrag eine Pauschale erheben. Wenn Sie zweifeln, ob man Sie betrügen will, verlangen Sie einfach eine spezifizierte Quittung (Taxinummer, von/nach, Preis) – wenn der Preis nicht korrekt war, wird er dadurch oft niedriger.

Wohin soll es gehen?	**On anam?** *wo (wir-)gehen*
Zum Flughafen.	**A s'aeroport.** *zu der'Flughafen*
Ins Zentrum.	**An es centre.** *zu der Zentrum*
Was wird das kosten?	**Quant m'ha de costar?** *wieviel mich'(er-)hat zu kosten*
Hier können Sie mich rauslassen.	**Me pot deixar aquí.** *mich (er-)kann lassen hier*
Warten Sie hier auf mich.	**M'esperi aquí.** *mich'(Sie-)warten(!) hier.*
Geben Sie mir bitte eine Quittung.	**Me doni un rebut, per favor.** *mir (Sie-)geben(!) ein Quittung für Gefallen*

... mit dem Zug

Wann fährt der nächste Zug nach ...?	**Quan surt es pròxim tren cap a ...?** *wann (er-)rausgeht der nächste Zug Richtung nach*
Wo kann man die Fahrkarten kaufen?	**On se compren es bitllets?** *wo sich (sie-)kaufen die Karten*
Ich möchte morgen früh nach Sóller fahren.	**Voldria anar a Sóller demà al dematí.** *(ich-)möchte gehen nach Sóller morgen an-der Morgen*

Welche Züge kann ich nehmen?	**Quins trens puc agafar?** *welche Züge (ich-)kann nehmen*
Zweimal nach Bunyola hin und zurück.	**Dos bitllets a Bunyola, anar i tornar.** *zwei Karten auf Bunyola gehen und zurück-kehren*
Hält der Zug in Inca?	**Fa parada a Inca, es tren?** *(er-)macht Halt in Inca der Zug*

aeroport (m)	Flughafen
arribada	Ankunft
avió (m)	Flugzeug
complet	voll
consigna	Gepäckaufbewahrung
equipatge (m)	Gepäck
estació d'autocars	Busbahnhof
llitera	Liegewagen
maleta	Koffer
motxilla	Rucksack
només anar	nur Hinfahrt
parada	Haltestelle
port (m)	Hafen
sala d'espera	Wartesaal
seient	Sitzplatz
sortida	Abfahrt
vagó llit	Schlafwagen
vaixell (m)	Schiff

... mit dem Auto

Wie komme ich nach ...?	**Com s'hi va, a ...** *wie sich'dahin (er-)geht nach*
Wo ist die nächste Tankstelle?	**On és sa pròxima benzinera?**
Zwanzig Liter Normalbenzin, bitte.	**Vint litres de benzina normal, per favor.**
Volltanken, bitte!	**Ple, per favor!**

benzina normal	Normalbenzin
súper	Super
gas-oil	Diesel
bidó de reserva (m)	Ersatzkanister
bateria	Autobatterie
pneumàtic (m)	Reifen
frens (m)	Bremsen
carburador (m)	Vergaser
canvi (de marxes) (m)	Getriebe
embragatge (m)	Kupplung
direcció	Lenkung
amortidor (m)	Stoßdämpfer
parabrisa (m)	Windschutzscheibe
tub d'escapament (m)	Auspuff
bugia	Zündkerze
encesa	Zündung

Panne

Rufen Sie bitte die Polizei.	**Per favor, cridi sa policia.** *für Gefallen, (Sie-)rufen(!) die Polizei*
Ich hatte einen Unfall.	**He tengut un accident.** *(ich-)habe gehabt ein Unfall*
Rufen Sie einen Krankenwagen/ einen Arzt.	**Avisi una ambulància/un metge.** *(Sie-)benachrichtigen(!) eine Krankenwagen/ ein Arzt*
Könnten Sie mir helfen?	**Me podria ajudar?** *mir (er-)könnte helfen*
Wir haben eine Panne.	**Hem tengut una pana.** *(wir-)haben gehabt eine Panne*
Ich glaube, ... funktioniert nicht.	**Me pareix que ... no funciona bé.** *mir (er-)scheint daß ... nicht (er-/sie-)funktioniert gut*
Gibt es hier eine Autowerkstatt?	**Hi ha un taller d'automòbils, aquí?** *da (er-)hat ein Werkstatt von'Autos hier*
Wieviel wird es mich kosten?	**Quant m'ha de costar?** *wieviel mich'(er-)hat zu kosten*
Was meinen Sie, wie lange es dauert?	**Què li pareix que durarà?** *was ihm (er-)scheint daß (er-wird-)dauern*

Fotografieren

Macht es Ihnen etwas aus, wenn ich Sie fotografiere?	**Li fa res si li faig una foto?** *ihm (er-)macht nichts wenn ihm (ich-)mache eine Foto*
Könnten Sie wohl ein Foto von uns machen?	**Mos podria fer una foto?** *uns (er-)könnte machen eine Foto*
ein Film	**un rodet (de pel.lícula)**
ein Farbfilm	**... en color**
ein Schwarzweißfilm	**... en blanc i negre**
ein Diafilm	**... per a diapositives**
entwickeln	**revelar**
ein Abzug von jedem Negativ	**una còpia de cada negatiu** *eine Kopie von jedes Negativ*
Wann sind sie fertig?	**Quan estaran?** *wann (sie-werden-)sein*

Geld & Bank

es doblers *(dob-bees)*	das Geld
es bitllets	die Scheine
ses monedes	die Münzen
es banc	die Bank
sa caixa d'estalvis	die Sparkasse
sa caixa postal	die Postsparkasse
es caixer automàtic	der Geldautomat
es taló	der Scheck
es xec de viatge	der Reisescheck
sa targeta de crèdit	die Kreditkarte
sa llibreta d'estalvis	das Sparbuch
es compte	das Konto
sa transferència	die Überweisung
sa domiciliació bancària	der Dauerauftrag
Euro	Euro [*äuro*]
cèntim	Cent
francs suissos	Schweizer Franken
lliures esterlines	Britische Pfund
dòlars	Dollar

Perdoni, hi ha un caixer automàtic per aquí?
(Sie-)entschuldigen(!) hier (er-)hat ein Kassierer automatischer für hier
Entschuldigen Sie, gibt es hier in der Nähe einen Geldautomaten?

Voldria canviar dos-cents francs suissos en euros.
(ich-würde-)wollen tauschen zwei-hundert Franken schweizer in Euro
Ich würde gern 200,- Schweizer Franken in Euro tauschen.

Kann ich hier Reiseschecks einlösen?	**Puc canviar aquí xecs de viatge?** *(ich-)kann tauschen hier Schecks von Reise*
Ich würde gern Geld von diesem Sparbuch abheben.	**Voldria treure doblers d'aquesta llibreta.** *(ich-würde-)wollen herausnehmen Dublonen von'diese Büchlein*
Der Geldautomat hat meine Scheckkarte einbehalten.	**Es caixer automàtic no m'ha tornat sa meva targeta.** *der Kassierer automatischer nicht mir'(er-)hat zurückgegeben die meine Karte*
Ich habe eine ...-Karte.	**Tenc una targeta ...** *(ich-)habe eine Karte ...*

Post & Telefon

Correus	Post
sa postal	Postkarte
sa carta	Brief
es sobre	Briefumschlag
es segell	Briefmarke
sa bústia	Briefkasten
es paquet	Paket
es remitent	Absender
es destinatari	Empfänger
s'adreça	Adresse
es codi postal	Postleitzahl
a s'estranger	ins Ausland

Gerade bei Auslandsgesprächen sollten sie statt aus einer Telefonzelle lieber von einer öffentliche Telefonzentrale (locutori) *aus telefonieren, da dort das Münz- bzw. Telefonkartenproblem entfällt; man bekommt eine Kabine zugewiesen und bezahlt erst nach beendetem Gespräch. Achtung:* locutoris, *die nicht von der staatlichen Telefongesellschaft* (Telefònica) *betrieben werden, sollten Sie besser meiden, da die Preise dort schwer vorherzusehen und zu kontrollieren sind.*

Donl'm cinc segells per a Àustria, per favor.
(Sie-)geben(!)'mir fünf Briefmarken für auf Österreich für Gefallen
Geben Sie mir bitte fünf Briefmarken für Österreich.

Briefmarken erhält man übrigens nicht nur bei der Post, sondern auch in allen staatlichen Tabakgeschäften (estancs).

Què val enviar una carta urgent a Alemanya?
was (er-)kostet schicken eine Brief eilige nach Deutschland
Was kostet ein Eilbrief nach Deutschland?

Post & Telefon

Was muß ich tun, um ein Einschreiben zu verschicken?	**Què he de fer per enviar una carta certificada?** *was (ich-)habe von machen für schicken eine Brief eingeschriebene*
Wie lange dauert es ungefähr, bis das ankommt?	**Quant tardarà en arribar, més o manco?** *wieviel (er-wird-)dauern in ankommen mehr oder weniger*
Ist ein postlagernder Brief für mich angekommen?	**Ha arribat res per a mi a sa llista de Correus?** *(er-)hat angekommen nichts für auf mich in die Liste von Post*
Wo gibt es hier eine Telefonkabine?	**On hi ha una cabina de telèfons per aquí?** *wo hier (er-)hat eine Kabine von Telefon für hier*

Telefon	**es telèfon**
Telefonzelle	**sa cabina**
Telefonbuch	**sa guia telefònica**
Vorwahl	**es prefix**

Ich möchte gern telefonieren.	**Voldria fer una telefonada.** *(ich-würde-)wollen machen eine Telefonierung*
Es ist besetzt.	**Comuniquen.** *(sie-)kommunizieren*
Eine Telefonkarte für 20 (Euro), bitte.	**Una targeta de telèfon de vint, per favor.** *eine Karte von Telefon von zwanzig (Euro) für Gefallen*
Kann ich hier ein Fax verschicken?	**Puc enviar un fax des d'aquí?** *(ich-)kann schicken ein Fax von'hier*

Polizei

Leider läßt sich das eindeutige deutsche „Polizei“ nicht ganz so einfach ins Katalanische übertragen, da es in Spanien mehrere „Polizeien“ gibt, nämlich die Policia municipal (örtliche Polizei), die Policia nacional (staatliche Polizei) und die Guàrdia civil („Zivilgarde“). Zwar hat jede Polizeitruppe prinzipiell ihre eigenen Aufgaben, aber es gibt dabei erhebliche Überschneidungen. An wen wendet man sich also? Als Grundregel mag gelten: Bei Verkehrsangelegenheiten an die Guàrdia civil, bei Verbrechen an die Policia nacional und bei weniger dramatischen Fragen an die Policia municipal. Während die örtlichen Polizisten Katalanisch können müssen, ist dies bei den anderen beiden Polizeitruppen leider nicht der Fall.

Com s'hi va, a sa pròxima comissaria?
wie sich'dorthin (er-)geht auf die nächste Polizeiwache
Wie komme ich zur nächsten Polizeiwache?

Hi ha ningú qui xerri s'alemany?
hier (er-)hat niemand der (er-)spräche der'Deutsch
Spricht hier jemand deutsch?

Me pot ajudar?
mir (er-)kann helfen?
Können Sie mir helfen?

Polizei

Ich habe meine Brieftasche verloren.	**He perdut sa cartera.** *(ich-)habe verloren die Brieftasche*
Mein Auto ist aufgebrochen worden.	**M'han entrat en es cotxo.** *mir'(sie-)haben reingegangen in der Auto*
Mir ist der Fotoapparat gestohlen worden.	**M'han robat sa càmera de fer fotos.** *mir'(sie-)haben geraubt die Kamera von machen Fotos*
Ich bin überfallen worden.	**M'han atracat.** *mich (sie-)haben überfallen*
Ich möchte Anzeige erstatten.	**Vull posar una denúncia.** *(ich-)will setzen eine Anzeige*
Ich brauche eine Kopie der Anzeige für die Versicherung.	**Necessit una còpia de sa denúncia per s'assegurança.** *(ich-)brauche eine Kopie von die Anzeige für die'Versicherung*
Ich möchte mit dem Konsulat sprechen.	**Vull posar-me en contacte amb so consulat.** *(ich-)will setzen-mich in Kontakt mit der Konsulat*
Ich bin vergewaltigt worden.	**M'han violada.** *mich (sie-)haben vergewaltigt*

Im Falle einer Vergewaltigung (violació) *gehen Sie am besten zunächst ins Krankenhaus und erstatten dann (gegebenenfalls) von dort aus Anzeige.*

Krank sein

s'hospital	Krankenhaus
Urgències	Notdienst
es metge/sa metgessa	Arzt/Ärztin
es/sa dentista	Zahnarzt/Zahnärztin

On hi ha una apotecaria/un metge/un hospital?
wo dort (er-)hat eine Apotheke/ein Arzt/ein Hospital
Wo gibt es eine Apotheke/einen Arzt/ein Krankenhaus?

Entén un poc d'alemany/d'anglès/de francès, vostè?
(er-)versteht ein bißchen von'Deutsch/von'Englisch/ von Französich eure-Gnade
Verstehen Sie ein bißchen Deutsch/Englisch/Französisch?

Tenc aquí es papers de sa Seguretat Social alemanya.
(ich)habe hier die Papiere von die Sicherheit soziale deutsche
Ich habe hier die Unterlagen der deutschen Krankenkasse.

Necessit un rebut i un diagnòstic detallat per a sa meva assegurança.
(ich-)brauche ein Empfang und ein Diagnose detailliert für auf die meine Versicherung
Ich brauche eine Quittung und eine detaillierte Diagnose für meine Versicherung.

No me trob gens bé.
nicht mich (ich-)finde überhaupt gut.
Mir geht es gar nicht gut.

Estic malalt/-a.
(ich-)bin krank(m/w)
Ich bin krank.

Me fa/fan mal ...
Mir tut/tun ... weh.

M'he ferit ...
Ich habe mir ... verletzt.

M'he romput ...
Ich habe mir ... gebrochen.

es braç	Arm
s'ull (m)	Auge
es queixal	Backenzahn
sa panxa	Bauch
sa cama	Bein
es pit	Brust
es peu	Fuß
s'articulació (w)	Gelenk
sa mà	Hand
es cap	Kopf
s'estómac (m)	Magen
es múscul	Muskel
es nas	Nase
es nirvi	Nerv
s'orella	Ohr
s'esquena	Rücken
s'espatla	Schulter
sa dent	Zahn

Mir ist übel.	**Tenc nàusees.**
Ich muß mich übergeben.	**Tenc vòmits.**
Ich habe Durchfall / Fieber / Husten / Blutungen.	**Tenc diarrea / febre / tossina / hemorràgies.**
Ich habe mich geschnitten.	**M'he tallat.**
Ich bin gefallen.	**He caigut.**
Ich bin ausgerutscht.	**He llenegat.**
Ich habe mich gestoßen.	**M'he pegat un cop.**
Man hat mich überfallen.	**M'han atracat.**
Man hat mich vergewaltigt.	**M'han violada.**
Ich bin von einer Wespe / einer Biene / einem Seeigel gestochen worden.	**M'ha picat una vespa / una abella / un eriçó.**
Ich hatte einen Unfall.	**He tengut un accident.**
Ich bin allergisch gegen ...	**Som al.lèrgic a ...**
Ich bin Diabetiker(in) / Bluter(in).	**Som diabètic(a) / hemofílic(a).**

s'apotecaria/ sa farmàcia	Apotheke
sa recepta	Rezept
es medicament	Medikament
ses pastilles	Tabletten
ses gotes	Tropfen
sa injecció	Injektion
sa pomada	Salbe
es supositoris	Zäpfchen
s'esparadrap (m)	Pflaster
sa bena	Binde
sa tintura d'iode	Jodtinktur

Nehmen Sie eine Woche lang dreimal täglich eine Tablette vor/nach dem Essen.

Prengui una pastilla tres pics al dia abans/després de menjar durant una setmana.
(Sie-)nehmen(!) eine Tablette drei Male an-der Tag vor/nach von essen während eine Woche

Optiker (s'òptic)

Mir ist die Brille kaputtgegangen.	**Se m'han romput ses ulleres.** *sich mir'(sie-)haben zerbrochen die Augengläser*
Ich habe eine Kontaktlinse verloren.	**He perdut una lent de contacte.** *(ich-)habe verloren eine Linse von Kontakt*
Eine Flasche mit Reinigungs-/Aufbewahrungsflüssigkeit für Kontaktlinsen, bitte.	**Per favor, una botella de líquid per a netejar/guardar ses lents de contacte.** *für Gefallen eine Flasche von Flüssigkeit für zu reinigen/aufbewahren die Linsen von Kontakt*

Nichts verstanden?

Spricht hier jemand Deutsch?	**Hi ha ningú qui xerri alemany?** *da (er-)hat niemand der (er-)spräche Deutsch*
Sprechen Sie Deutsch/Englisch?	**Xerra alemany/anglès, vostè?** *(er-)spricht Deutsch/Englisch, euer-gnaden*
Nein, tut mir leid.	**No, me sap greu.** *nein, mir (er-)schmeckt schwer*
Nur ein bißchen Französisch.	**Només un poc de francès.** *nur ein wenig von Französisch*
Wie bitte?	**Com diu?** *wie (er-)sagt*
Ich verstehe.	**Entenc.** *(ich-)verstehe*
Verstehen Sie mich?	**M'entén?** *mich'(er-)versteht*
Das habe ich nicht verstanden.	**Això, no ho he entès.** *das nicht er (ich-)habe verstanden*
Bitte etwas langsamer.	**Més a poc a poc, per favor.** *mehr auf wenig auf wenig für Gefallen*
Könnten Sie das bitte wiederholen?	**Ho pot repetir, per favor?** *er (er-)kann wiederholen für Gefallen*

Könnten Sie das bitte aufschreiben?	**Ho podria apuntar, per favor?** *er (er-)könnte notieren für Gefallen*
Was bedeutet „ajuntament“?	**Què vol dir „ajuntament“?** *was (er-)will sagen „Rathaus“*
Wie heißt das auf katalanisch/ mallorquinisch?	**Com se diu això en català/mallorquí?** *wie sich (er-)sagt das in katalanisch/ mallorquinisch*
Könnten Sie bitte Katalanisch/ Mallorquinisch mit mir sprechen?	**Me podria xerrar en català/mallorquí, per favor?** *mir (er-)könnte sprechen in katalanisch/ mallorquinisch für Gefallen*
Ich kann kein Spanisch.	**No sé castellà.** *nicht (ich-)weiß kastilisch*

Ortsnamen

Die Ortsnamen Mallorcas sind heute nur noch in ihrer originalen katalanischen Form amtlich. Trotzdem findet man, besonders im Ausland, immer noch häufig die alten, oberflächlich kastilisierten Formen. Schuld daran sind zumeist die Mallorquiner selbst, die sich nach all den Jahren des Franquismus und einer spanischsprachigen Schulbildung oft so sehr an die übersetzten Ortsnamen gewöhnt haben, daß ihnen manchmal die authentischen Formen fremd erscheinen. Die Änderung setzt sich erst langsam wieder auch in den Köpfen durch. Oft sind die Unterschiede zudem nur minimal. Zur Orientierung folgt hier eine Liste wichtigerer Orte, bei denen sich ein Unterschied ergibt:

Spanisch	Katalanisch
Alcudia	**Alcúdia**
Bahía de ...	**Badia de ...** (= Bucht)
Cuevas de ...	**Coves de ...** (= Höhlen)
El Arenal	**s'Arenal**
Andraitx	**Andratx**
Binisalem	**Binissalem**
Buñola	**Bunyola**
Cala Ratjada	**Cala Rajada**
Deyá	**Deià**
Ibiza	**Eivissa**
Lluchmayor	**Llucmajor**
Paguera	**Peguera**
Playa de ...	**Platja de ...** (= Strand)
Pollensa	**Pollença**
Puerto de ...	**Port de ...** (= Hafen)
Santa Ponsa	**Santa Ponça**
Sierra de ...	**Serra de ...** (= Gebirgszug)

Zu den wenigen recht guten Landkarten zählen diejenigen des Reise Know-How Verlags (siehe Seite 174) und des RV Reise- und Verkehrsverlags.

Literaturempfehlungen

Jährlich erscheinen über 5.000 Bücher in katalanischer Sprache – an Lesestoff dürfte es bei entsprechendem Interesse also gewiß nicht mangeln. Ebenso wie bayerische oder schwäbische Autoren verwenden mallorquinische Schriftsteller in ihren Büchern nicht den Dialekt, sondern die Schriftsprache, im Falle der Mallorquiner also das Katalanische. Wenn Sie ein weitergehendes Interesse an der Kultur und Sprache Mallorcas haben, sollten Sie sich also auch ein wenig mit dem Schriftkatalanischen vertraut machen. Die wenigen im Dialekt verfaßten Bücher sind allesamt für Anfänger viel zu schwierig. Der Vollständigkeit halber sei aber doch das wichtigste Werk der mallorquinischen Dialektliteratur genannt, nämlich die Rondaies Mallorquines, eine höchst populäre, vielbändige Märchensammlung, die der „mallorquinische Grimm" Antoni Maria Alcover zu Beginn unseres Jahrhunderts zusammengetragen hat.

Einige Bücher mallorquinischer Autoren liegen auch in deutscher Übersetzung vor, besonders die Kriminalromane von Carme Riera bei Eichborn und der große Schlüsselroman des prätouristischen Mallorca, Llorenç Villalongas „Das Puppenkabinett des senyor Bearn", der 1991 bei Piper erschienen ist.

Eine erste Annäherung an das Standardkatalanische bietet beispielsweise der Band „Katalanisch Wort-für-Wort", der in derselben Reihe wie dieser Mallorquinisch-Führer erscheinen ist.

Die einzige katalanische **Grammatik** auf dem deutschen Markt ist die „Praktische Grammatik der katalanischen Sprache" von Jenny Brumme (Wilhelmsfeld, Gottfried Egert Verlag 1997, ISBN 3-926972-53-X).

Sehr nützlich ist das Buch Els verbs catalans conjugats von Joan Baptista Xuriguera, Barcelona: Claret 1987. Es enthält Listen, mit deren Hilfe man die vollständigen Formen aller katalanischen Verben ermitteln kann.

An **Wörterbüchern** empfehlen sich wegen ihrer Handlichkeit und ihres günstigen Preises die folgenden beiden, die Sie am besten vor Ort kaufen: Diccionari Català Alemany, Barcelona: Enciclopèdia Catalana (Diccionaris de l'Enciclopèdia) 1996, ISBN: 84-412-2574-5, und Rienitz, Andrea (1991): Diccionari català-alemany/alemany-català, Barcelona: Arimany.

Vor Ort können Sie zudem das Diari de Balears kaufen, die zur Zeit einzige katalanischsprachige Tageszeitung Mallorcas.

Wenn es nicht ausdrücklich erwähnt wird, sind die hier genannten Bücher nicht über den Reise Know-How Verlag erhältlich. Bitte wenden Sie sich an Ihre Buchhandlung.

FRUITES I VERDURES
110
120
580

Mallorquinisch – Deutsch

Die folgende Wörterliste enthält ca. 1000 der wichtigsten Wörter des mallorquinischen Katalanisch und ist damit natürlich kein Ersatz für ein echtes Wörterbuch. Andererseits gibt es für das Mallorquinische als einem Dialekt auch keine eigenen Wörterbücher, so daß Sie für eine weitergehende Beschäftigung ein standardkatalanisches Wörterbuch verwenden sollten (siehe Buchempfehlungen). Häufigkeitsuntersuchungen haben allerdings ergeben, daß allein die 100 häufigsten Wörter 75% eines umgangssprachlichen Gesprächs ausmachen – mit den 1000 hier aufgeführten Wörtern dürften Sie also schon relativ weit kommen.

Bei Substantiven, deren Geschlecht äußerlich nicht zu erkennen ist, finden Sie hinter dem Wort ein (m) *für „männlich, maskulin" oder ein* (w) *für „weiblich, feminin". Ist das Wort im Katalanischen eine Mehrzahlform, so findet sich hinter dem Wort der Hinweis* (Mz).

Wörter, die sowohl männlich als auch weiblich sein können, sind nur in ihrer Grundform aufgeführt, aus denen sich die anderen leicht ableiten lassen. Für gewöhnlich wird die weibliche Form einfach durch Anhängen von **-a** *bzw. durch Umwandelung des Endvokals in* **-a** *gebildet.*

*Die Betonung liegt regelmäßig auf der vorletzten Silbe bzw. auf der Silbe, die einen Akzent trägt (***à, é, í, ó, ú***). Wo die Betonung dennoch Schwierigkeiten machen könnte, ist sie durch Unterstreichung gekennzeichnet.*

*Wo die mallorquinische Aussprache in nicht vorhersehbarer Weise von der geschriebenen Form abweicht, gebe ich zuweilen in Klammern die übliche Aussprache an. Ein Eintrag wie llengua [*llengo*] besagt also soviel wie: „Man schreibt* **llengua***, spricht es aber* llengo *aus".*

A

a in, auf, nach, zu
a baix unten
a ca (meva) zu Hause (bei mir)
a la fi endlich
a més a més außerdem
a partir de ab
a penes kaum
a poc a poc langsam *(Adverb)*
a prop in der Nähe
a temps rechtzeitig
abans vorher
abans-d'ahir vorgestern
abric (m) Mantel
abril (m) April
acabar beenden
acabar de gerade getan haben
adéu auf Wiedersehen
aeroport (m) Flughafen
afaitar-se rasieren, sich
afegir (afegesc, afegeixes, ...) hinzufügen
agafar (in die Hand) nehmen
agost (m) August
agradar gefallen
agulla Nadel
ahir gestern
ai! au!
aigua [aigo] Wasser
aire (m) Luft
aixecar anheben
aixecar-se sich erheben
així so
això das (da)
ajudar helfen
ajuntament (m) Rathaus
al camp auf dem Land
al costat de neben
al.lot (m) Junge
al.lota (w) Mädchen
ala Flügel
alegre fröhlich
alemany, -nya deutsch
Alemanya Deutschland
Alerta! Vorsicht!
alhora zugleich
allà dort
allò das (dort)
alt hoch
amagar verstecken
amb mit
ambaixada Botschaft
amic, amiga Freund(in)
amo (m) Chef, Besitzer
ample breit
amunt aufwärts
anada Hinfahrt
anar gehen; fahren
anar-se'n weggehen
ànima Seele
animal (m) Tier
aniversari (m) Geburtstag
anunciar ankündigen
any (m) Jahr
apagar ausschalten
aparcament (m) Parkplatz
àpat (m) Mahlzeit
apotecaria Apotheke
aprendre lernen
apuntar notieren
aquell jener
aquest dieser
aquí hier
ara jetzt
ara mateix gleich
arbre (m) Baum
arma Waffe
armari (m) Schrank
arreglar in Ordnung bringen
arribar ankommen
arròs (m) Reis
assegurar versichern
atracament (m) Überfall
autobús (m) (Stadt-)Bus
autocar (m) (Überland-)Bus
aviat schnell
avió (m) Flugzeug
avorrit langweilig
avui heute

B

baix niedrig
ballar tanzen
bàmbol, bamba dämlich
banc (m) Bank
bandera Fahne
bany (m) Bad
banyar naß machen
banyat, -ada naß
bar (m) Kneipe
barallar-se sich streiten
barat, -ata billig
barriada (w) Stadtviertel
bastant ziemlich
bé, ben gut *(Adverb)*
beguda Getränk
benzina Benzin
berenar frühstücken
besada Kuß

beure trinken
bici(cleta) (w) Fahrrad
bistec (m) Grillfleisch
bitllet (m) Fahrkarte, Geldschein
blanc weiß
blau, blava blau
bo, bon gut
boca Mund
bocata (m) (belegtes) Baguette
boli (m) Kuli
bolígraf (m) Kugelschreiber
bonic schön
bosc (m) Wald
bossa Tasche
botella Flasche
braç (m) Arm
broma Scherz
brusa Bluse
brut schmutzig
bullit (-ida) gekocht
butxaca Hosentasche

C

ca (m) Hund
ca, ca' Haus von ...
cabell (m) Haar
cabró! (m) Arschloch!
caçar jagen
cada jeder
cadira Stuhl
cafè Kaffee
caixa Kasse; Sparkasse
cal man muß; es ist nötig, daß
calcetí (m) Strumpf
calçons (m, Mz) Hose
caldre nötig sein
calefacció Heizung
calent warm
callar schweigen
calor (w) Hitze
cama Bein
cambrer (m) Kellner
camí (m) Weg
camia Hemd
caminar gehen
camp (m) Feld
camping (m) Campingplatz
cançó (w) Lied
cansat, -ada müde
cantar singen
canvi (m) Wechselstube
canviar wechseln
canya Glas Bier vom Faß
cap (m) Kopf, Chef
cap (no ... cap) kein
cap a nach *(Richtung)*
capell (m) Hut
capellà (m) Priester
car teuer
cara Gesicht
carbó Kohle
carn (w) Fleisch
carrer (m) Straße
carretera Landstraße
carro (m) Wagen
carta Brief
cartera Brieftasche
cas (m) Fall
casa Haus
casat (-ada) verheiratet
castell (m) Kastell
càstig (m) Strafe
català katalanisch
catorze vierzehn
caure fallen
cavall (m) Pferd
ceba Zwiebel
cel (m) Himmel
cent hundert
centímetre (m) Zentimeter
cercar suchen
cervesa Bier
cigarret (m) Zigarrette
cinc fünf
cinema (m) Kino
cinquanta fünfzig
ciutat (w) Stadt
clar hell
clau (m) Nagel
clau (w) Schlüssel
coa (w) Schwanz; Warteschlange
cobrar kassieren
coll (m) Hals; Gebirgspaß
collir ernten
color (m) Farbe
com(?) wie(?)
començar beginnen
comprar kaufen
comptar rechnen
compte (m) Rechnung
conèixer kennen
consigna Gepäckaufbewahrung
contar erzählen
conte (m) Erzählung
content zufrieden
contestar antworten
contra gegen
cop (m) Schlag
copa Glas *(mit Stiel)*
cor (m) Herz
corbata Krawatte

correcte richtig
córrer rennen
correus (m, Mz) Post
cos (m) Körper
cosa Sache
cosí (m) Cousin
cosir nähen
costar kosten
costat Seite
cotxo (m) Auto
cremar brennen
creu (w) Kreuz
creure glauben
cridar rufen
cuina Küche
cuixot (m) Schinken
cullera Löffel
curar heilen
curt kurz

D

d'acord einverstanden
dalt oben
darrer letzter
darrere hinter
davall unter
davallar hinabsteigen, aussteigen
davant vor *(räuml.)*
de, d' von
de res! keine Ursache!
de seguida sofort
de vegades manchmal
deixar lassen
deixar de aufhören mit
demà morgen
demanar fragen; erbitten
denou neunzehn
dent (w) Zahn
denunciar anzeigen
des de seit
desembre (m) Dezember
desfer auflösen
desitjar wünschen
despertar-se aufwachen
després hinterher
després de nach
desset siebzehn
deu zehn
Déu Gott
deure schulden
devora neben
devuit achtzehn
dia (m) Tag
diari (m) Zeitung
dibuixar zeichnen
diccionari (m) Wörterbuch
diferència Unterschied
dijous (m) Donnerstag
diligent (m & w) fleißig
dilluns (m) Montag
dimarts (m) Dienstag
dimecres (m) Mittwoch
dinar zu Mittag essen
dins in
dipòsit Tank
dir sagen
direcció (w) Richtung; Leitung
disc (m) Platte
dissabte (m) Samstag
diumenge (m) Sonntag
divendres,m Freitag
divertir-se (me diverte-sc, te diverteixes ...) amüsieren, sich
doblers (m, Mz) Geld
dolç süß
dolent schlecht
dona Frau
donar geben
dormir schlafen
dos, dues zwei
dotze zwölf
dret aufrecht
dret (m) Recht
dur bringen; tragen
dur, dura hart

E

eina Werkzeug
eixugar trocknen
electricitat (w) Elektrizität
empipar-se böse werden
empleat (m) Angestellter
en, 'n davon
encantat (-ada) entzückt
encara noch
encendre anschalten
endevinar raten
endur-se mitnehmen
enfora weit
engegar einschalten
enllà jenseits
enlloc (no ... enlloc) nirgends
enrere rückwärts
ensenyar lehren
entendre verstehen

entrada Eingang; Eintrittskarte
entrar hineingehen
entre zwischen
envant vorwärts
enviar schicken
ep! he!
equivocar-se sich irren
equivocat (-ada) falsch
es der, die, das *(männl. Artikel)*
és clar! selbstverständlich!
es mateix derselbe
escala Treppe
escola Schule
escoltar zuhören
escriure schreiben
església Kirche
espalmador (m) Bürste
espanyol spanisch
esperar warten
esquena Rücken
espenyat kaputt
esquerra, a l'... links
esser sein
està bé! schon gut!
estació Bahnhof
estar sein
estimar lieben
estirar ziehen
estiu (m) Sommer
estranger Fremder
estrany seltsam
estrella Stern
estrènyer drücken
estudiar studieren
euro Euro
examen Prüfung
èxit Erfolg
explicar erzählen

F

fàbrica Fabrik
fàcil einfach
fadrí [fradí] Junggeselle
faldilla Rock
falta Fehler
faltar fehlen
família Familie
farina Mehl
favor (m) Gefallen
febrer (m) Februar
feina Arbeit
feliç glücklich
felicitar beglückwünschen
fer machen
fer feina arbeiten
fer mal weh tun
fer un passeig spazierengehen
ferro (m) Eisen
festa Fest
fi (w) Ende
fil (m) Faden
fill (m) Sohn
finestra Fenster
fins bis
firmar unterschreiben
flor (w) Blume
foc (m) Feuer
fondo tief
font (w) Quelle
fora draußen
forat (m) Loch
força ziemlich
força Kraft
forma Form
forqueta Gabel
fort stark
fosc dunkel
foto (w) Foto
fotut (-uda) beschissen
fred kalt
fresc frisch
frit gebraten; frittiert
fruita Frucht
full Blatt Papier
fulla Blatt
fum (m) Rauch
fumar rauchen
funció Funktion
fusta Holz
fuster Schreiner

G

gaire (no ... gaire) nicht sehr
gairebé fast
gallina Henne
gana Hunger
gandul (m/w) faul
ganes (w, Mz) Lust
garatge (m) Garage
gas (m) Gas
gastar verbrauchen
gel (m) Eis
gelat (m) Speiseeis
gelera (m) Kühlschrank
gener (m) Januar
gens (no ... gens) gar nicht
gent (w) Leute
germà (m) Bruder
germana (w) Schwester
gerro (m) Vase
giqueta Jacke
goma Gummi
govern (m) Regierung

gra (m) Korn
gràcies [gracis] Danke
graciós lustig
gram (m) Gramm
gras dick, fett
grau (m) Grad
gris grau
groc, groga gelb
gros, grossa groß
gruixat (-ada) dick *(Dinge)*
guaitar blicken
guanyar gewinnen
guardar bewachen
guàrdia (m) Wachmann
guerra Krieg
guinavet (m) Messer
gust (m) Geschmack; Genuß

H

habitació Zimmer
haver haben *(Hilfsverb)*
hi dort(hin)
hivern (m) Winter
ho es
hola! Hallo!
homo (m) Mann
hora Stunde
hotel Hotel

I

i und
idiota (m) Idiot
idò also
igual egal
imbècil dämlich
important wichtig
imposts (m, Mz) Steuern
inclòs inbegriffen
interessant interessant

J

ja schon
ja! schon verstanden!
ja no nicht mehr
jardí (m) Garten
jo ich
joc (m) Spiel
jove (m/w) jung
jugar spielen
juliol (m) Juli
junts zusammen
juny (m) Juni

L

lent langsam *(Adjektiv)*
líquid flüssig
litre (m) Liter
llàpis Bleistift
llarg lang
llàstima schade
llavors (llavò, llavonses) dann
llegir (llegesc, llegeixes, ...) lesen
lleig häßlich
llençar werfen
llençols (m, Mz) Bettwäsche
llengua (llengo) Sprache; Zunge
llet (w) Milch
lletra Buchstabe
lleuger leicht
llibertat (w) Freiheit
llibre frei
llibre (m) Buch
lliçó (w) Lektion
lligar verbinden; anbändeln
llinatge (m) Nachname
llit (m) Bett
lloc (m) Ort
llogar mieten
llum (m) Lampe
llum (w) Licht
lluna Mond
lo mateix dasselbe

M

mà (w) Hand
magatzem (m) Kaufhaus
mai (no ... mai) nie
maig (m) Mai
mal schlecht
malalt krank
malauradament leider
malbé (fer) kaputtmachen
maleta Koffer
manar befehlen
manco weniger
manera Art und Weise
mantega Butter
mapa (m) Landkarte
màquina Maschine
mar (w) Meer
març (m) März
mare (w) Mutter
marit (m) Ehemann
marxar weggehen; marschieren
masclista (m) „Chauvi"
massa zu viel
matar töten
mateix selbst
matí (m) Morgen
me, 'm (m)' mir; mich
mecànic (m) Mechaniker
medi ambient (m) Umwelt
mem (m)eam mal sehen; zeig mal!
menjador (m) Wohnzimmer; Speisesaal
menjar essen
mentida Lüge
merda Scheiße
mes (m) Monat
més mehr
més de mehr als
més o manco mehr oder weniger
mestre (m) Lehrer
metall (m) Metall
metge (m) Arzt
metre (m) Meter
meu mein(e)
mig (m)itja halb
mil tausend
milió Million
minut (m) Minute
mirall (m) Spiegel
mirar blicken
missa Gottesdienst
moble (m) Möbel
mocador (m) Taschentuch
moda Mode
moix (m) Katze
molestar stören
molí (m) Mühle
moll weich
moll (m) Mole, Hafenmole
molt sehr
molt de viel
molt de temps lange
moment (m) Moment
món (m) Welt
mongetes (w, Mz) Bohnen
mos uns
mossegar beißen
moto (w) Motorrad
motor (m) Motor
moure bewegen
multiplicar multiplizieren
muntanya Gebirge
música Musik

N

nas (m) Nase
natural natürlich
ne, n' davon
nebot (m) Neffe
necessitar benötigen
negre schwarz
net sauber
nét (m) Enkel
neu (w) Schnee
ni noch nicht einmal
ni ... ni weder ... noch
nigul (m) Wolke
nin, nina Kind
ningú niemand
nirvi (m) Nerv
nit (w) Nacht
no nicht
no! nein!
no és vera? nicht wahr?
noltros wir
nom (m) Name
només nur
noranta neunzig
nostro (es nostro) unser
notícia [notici] Notiz
nou neun
nou, nova neu
novembre (m) November
número (m) Nummer

O

o oder
obrir öffnen
ocell (m) Vogel
octubre (m) Oktober
oli (m) Öl
olla großer Topf
olor (w) Geruch
ombra Schatten
on wo
onclo (auch: conco, blonco) Onkel
onze elf
orella Ohr
orxata Erdmandelmilch
os (m) Knochen
ou (m) Ei

P

pa (m) Brot
padrí [pradí] Großvater
pagar bezahlen
pagès (m) Bauer
pàgina Buchseite
pal (m) Pfahl
palla Stroh
panxa Bauch
paper (m) Papier
paquet (m) Paket
parada Haltestelle
paraigua (m) Regenschirm
paraula Wort
pare (m) Vater
parèixer scheinen
paret (w) Wand
part (w) Teil
partir (partesc, parteixes, ...) abreisen
pas (m) Schritt
passar passieren
patata Kartoffel
pati Innenhof
patir (patesc, pateixes, ...) leiden
pau (w) Frieden
peça Stück
pedra Stein
pegar schlagen
peix (m) Fisch
pel.lícula (w) Film
pell (w) Haut
pensar denken
pentinar kämmen
per a um zu
per cert übrigens
per favor bitte
per què? warum?
perdonar verzeihen
perdoni! Verzeihen Sie!
perdre verlieren
però aber
perquè weil
perruqueria Friseursalon
persona Person
pesar wiegen
pesat (-ada) schwer *(Gewicht)*; lästig
pescar fischen
petit klein
peu (m) Fuß
pic (m) Mal
picapedrer (m) Bauarbeiter
pilota (w) Ball
pintar malen
pis (m) Wohnung
pla flach
plaça Platz
plànol (m) Stadtplan
planta Pflanze; Stockwerk
plantar pflanzen
planxar bügeln
plàstic Plastik
plat (m) Teller
platja Strand
ple voll
plegar falten; aufbrechen
ploma Feder
plorar weinen
ploure regnen
poal (m) Eimer
poble (m) Volk; Dorf
pobre arm
poc wenig
poc, un ein bißchen
poder können
poder (m) Macht
policia Polizei
pollastre (m) Hähnchen
pols (w) Staub
pont (m) Brücke
por (w) Angst
porta Tür
posar hinlegen; hinstellen
postal (w) Postkarte
postres (w, Mz) Nachtisch
potser vielleicht
pou (m) Brunnen
pregunta Frage
prendre nehmen
preparar vorbereiten
president (m) Präsident
pressa Eile

preu (m) Preis
prim dünn
primavera Frühling
primer erster
prometre versprechen
prop de nahe bei
propina Trinkgeld
prou genug
provar probieren
pujar hinaufsteigen
punt (m) Punkt
punta Spitze
punxa Stachel
puny (m) Faust

Q

qualcú [colcú] jemand
qualque [colque] einige
qualque cosa etwas
qualsevol irgendein
quan wenn
quan? wann?
quant? wieviel?
quaranta [coranta] vierzig
quart (m) Viertel
quatre vier
que daß
què? was?
quedar verabreden, sich
quedar-se bleiben
qui? wer?
quilo (m) Kilo
quilòmetre (m) Kilometer
quin ...! was für ein ...!
quin? welcher?
quinze fünfzehn

R

ràdio (w) Radio
raó (w) Vernunft
raó, tenir ... recht haben
ràpid schnell
rebaixar senken
rebre bekommen
recomanar empfehlen
record (m) Erinnerung
recordar erinnern
recte geradeaus; aufrecht
regalar schenken
regar bewässern
relació Beziehung
rellotge (m) Uhr
remei (m) Abhilfe
renou (m) Lärm
rentar waschen
renyar ausschimpfen
repartir (repartesc, reparteixes, ...) verteilen
res nichts
resar beten
respirar atmen
revés, al ... andersherum
ric reich
riu (m) Fluß
riure lachen
roba Kleidung
robatori (m) Diebstahl
roda Rad
rodó rund
ros blond
rulot (w) Wohnwagen
sa der, die, das *(weibl. Artikel)*
sa mateixa dieselbe
sabata Schuh
saber [sêbre] wissen; können
sabó (m) Seife
sac (m) Sack
sal (w) Salz
sala Raum
saltar springen
saludar grüßen
salvar retten
sang (w) Blut
sant heilig
se, 's, s' sich
sec trocken
segell (m) Briefmarke
segon (m) Sekunde
segons je nach
seguir (seguesc, segueixes, ...) folgen
segur sicher
seixanta [xixanta] sechzig
sempre immer
senalla (w) Korb
sense ohne
sentir hören; fühlen
senyor Herr
senzill einfach
separar trennen
servici (m) Service
servicis (m, Mz) Toiletten
servir (servesc, serveixes, ...) servieren
ses die *(Pluralartikel)*
set sieben
setanta siebzig
setembre (m) September
setmana Woche
setze sechzehn
seu (la Seu) Kathedrale

seu sein *(Besitz)*
seure sitzen
si falls
sí ja
simple einfach
sis sechs
sobre über
societat (w) Gesellschaft
sol allein
sol (m) Sonne
soldat (m) Soldat
somni (m) Traum
son (w) Müdigkeit
son (m) Schlaf
sonar es timbre klingeln
sopa Suppe
sopar (m) Abendbrot
sort (w) Glück
sortida Ausgang
sortir hinausgehen
suc (m) Saft
sucre (m) Zucker
sumar addieren
supermercat (m) Supermarkt

T

tabac (m) Tabak; Zigaretten
tal com so wie
tallar schneiden
taller (m) Werkstatt
també auch
tampoc auch nicht
tan so sehr
tancar schließen
tant soviel
tants so viele
tapar bedecken
tard spät
tarda Nachmittag
tardor (w) Herbst
targeta Karte
tassó (m) Glas *(ohne Stiel)*
taula Tisch
taxi Taxi
te, t', 't dir; dich
telèfon Telefon
telefonar anrufen
televisió Fernsehen
témer-se de bemerken
temps (m) Wetter; Zeit
tenda Geschäft
tenda de campanya Zelt
tenir haben
tercer dritter
terra (m) Fußboden
terra (w) Erde
testimoni (m) Zeuge
teu dein(e)
tia Tante
tirar ziehen; schießen
tisores (w, Mz) Schere
tocar berühren; *(Instrument)* spielen
tombar umfallen
tornada Rückfahrt
tornar zurückkehren
tos (w) Husten
tot alles
totalment ganz
tou, tova weich
tovallola Handtuch
tramvia (m) Straßenbahn
tranquil ruhig
trempó (angemachter) Salat
tren (m) Zug
trencar zerbrechen
trenta dreißig
tres drei
tretze dreizehn
treure herausholen
trist traurig
trobar finden
tros (m) Stück
truita Omelett
tu du
tub (m) Rohr

U

u eins
Uèp! hallo!
ull (m) Auge
ulleres (w, Mz) Brille
un ein

V

vaca Kuh
vacances (w, Mz) Urlaub
vaga Streik
vaixell (m) Schiff
valent tapfer
valer wert sein
vell alt
vendre verkaufen
venir kommen
verd grün
verdura Gemüse
veritat (w) Wahrheit
vermell rot
vespre (m) Abend
vestir (vestesc, vesteixes, ...) bekleiden
veu (w) Stimme
veure sehen
vi (m) Wein
vi blanc Weißwein
vi negre Rotwein
vi rosat Roséwein
viatge (m) Reise
vida Leben
vidre (m) Glas *(Material)*
vint zwanzig
viu lebendig
viure leben
volar fliegen
voler wollen
voltar wenden
voltros ihr
vora bei
vos euch
vostè Sie *(Höflichkeitsform)*
vostro (es vostro) euer
vuit acht
vuitanta achtzig

W-Z

wàter Toilette
xerrar sprechen
xocolata Schokolade
zero null

Deutsch – Mallorquinisch

A

ab a partir de
Abend vespre (m)
Abendbrot sopar (m)
aber però
Abhilfe remei (m)
abreisen partir (partesc, parteixes, ...)
acht vuit
achtzehn devuit
achtzig vuitanta
addieren sumar
allein sol
alles tot
also idò
alt vell
amüsieren, sich divertir-se (me divertesc, te diverteixes, ...)
anbändeln lligar
andersherum al revés
Angestellter empleat (m)
Angst por (w)
anheben aixecar
ankommen arribar
ankündigen anunciar
anrufen telefonar
anschalten encendre
antworten contestar
anzeigen denunciar
Apotheke apotecaria
April abril (m)
Arbeit feina
arbeiten fer feina
Arm braç (m)
arm pobre
Arschloch! cabró! (m)
Art (und Weise) manera
Arzt metge (m)
atmen respirar
au! ai!
auch també
auch nicht tampoc
auf a
auf dem Land al camp
auf Wiedersehen adéu
aufbrechen plegar
aufhören mit deixar de
auflösen desfer
aufrecht dret; recte
aufwachen despertar-se
aufwärts amunt
Auge ull (m)
August agost (m)
Ausgang sortida
ausschalten apagar
ausschimpfen renyar
außerdem a més a més
aussteigen davallar
Auto cotxo (m)

B

Bad bany (m)
Baguette (belegt) bocata (m)
Bahnhof estació
Ball pilota (w)
Bank banc (m)
Bauarbeiter picapedrer (m)
Bauch panxa
Bauer pagès (m)
Baum arbre (m)
bedecken tapar
beenden acabar
befehlen manar
beginnen començar
beglückwünschen felicitar
bei vora
Bein cama
beißen mossegar
bekleiden vestir (vestesc, vesteixes, ...)
bekommen rebre
bemerken témer-se de
benötigen necessitar
Benzin benzina
berühren tocar
beschissen fotut (-uda)
beten resar
Bett llit (m)
Bettwäsche llençols (m, Mz)
bewachen guardar
bewässern regar
bewegen moure
bezahlen pagar
Beziehung relació
Bier cervesa
billig barat, -ata
bis fins
bißchen, ein poc, un
bitte per favor
Blatt fulla
Blatt Papier full
blau blau, blava
bleiben quedar-se
Bleistift llàpis
blicken guaitar; mirar
blond ros
Blume flor (w)
Bluse brusa
Blut sang (w)
Bohnen mongetes (w, Mz)
böse werden empipar-se

Botschaft ambaixada
breit ample
brennen cremar
Brief carta
Briefmarke segell (m)
Brieftasche cartera
Brille ulleres (w, Mz)
bringen dur
Brot pa (m)
Brücke pont (m)
Bruder germà (m)
Brunnen pou (m)
Buch llibre (m)
Buchseite pàgina
Buchstabe lletra
bügeln planxar
Bürste espalmador (m)
Bus autobús (m) *(Stadt-)*; autocar (m) *(Überland-)*
Butter mantega

C & D

Campingplatz camping (m)
Chauvi masclista (m)
Chef amo (m) *(Besitzer)*; cap (m)
Cousin cosí (m)
dämlich bàmbol, bamba; imbècil
Danke gràcies [gracis]
dann llavors (llavò, llavonses)
das (da) això
das (dort) allò
daß que
dasselbe lo mateix
davon en, n', ne, 'n
dein teu
denken pensar
derselbe es mateix
deutsch alemany, -nya
Deutschland Alemanya
Dezember desembre (m)
dick gruixat (-ada) *(Dinge)*; gras *(fett)*
Diebstahl robatori (m)
Dienstag dimarts (m)
dieselbe sa mateixa
dieser aquest
Donnerstag dijous (m)
Dorf poble (m)
dort allà
dort(hin) hi
draußen fora
drei tres
dreißig trenta
dreizehn tretze
dritter tercer
drücken estrènyer
du tu
dunkel fosc
dünn prim

E

egal igual
Ehemann marit (m)
Ei ou (m)
Eile pressa
Eimer poal (m)
ein un
einfach fàcil; senzill; simple
Eingang entrada
einige qualque [colque]
eins u
einschalten engegar
Eintrittskarte entrada
einverstanden d'acord
Eis gel (m)
Eisen ferro (m)
Elektrizität electricitat (w)
elf onze
empfehlen recomanar
Ende fi (w)
endlich a la fi
Enkel nét (m)
entzückt encantat (-ada)
er ell
erbitten demanar
Erde terra (w)
Erdmandelmilch orxata
Erfolg èxit
erheben, sich aixecar-se
erinnern recordar
Erinnerung record (m)
ernten collir
erster primer
erzählen contar; explicar
Erzählung conte (m)
es ho
essen menjar
etwas qualque cosa
euch vos
euer vostro (es vostro)
Euro euro

F

Fabrik fàbrica
Faden fil (m)
Fahne bandera
fahren anar
Fahrkarte bitllet (m)
Fahrrad bici(cleta) (w)

Fall cas (m)
fallen caure
falls si
falsch equivocat (-ada)
falten plegar
Familie família
Farbe color (m)
fast gairebé
faul gandul (m/w)
Faust puny (m)
Februar febrer (m)
Feder ploma
fehlen faltar
Fehler falta
Feld camp (m)
Fenster finestra
Fernsehen televisió
Fest festa
Feuer foc (m)
Film pel.lícula (w)
finden trobar
Fisch peix (m)
fischen pescar
flach pla
Flasche botella
Fleisch carn (w)
fleißig diligent (m/w)
fliegen volar
Flügel ala
Flughafen aeroport (m)
Flugzeug avió (m)
Fluß riu (m)
flüssig líquid
folgen seguir (seguesc, segueixes, ...)
Form forma
Foto foto (w)
Frage pregunta
fragen demanar
Frau dona
frei llibre
Freiheit llibertat (w)
Freitag divendres,m
Fremder estranger
Freund(in) amic, amiga
Frieden pau (w)
frisch fresc
Friseursalon perruqueria
frittiert frit
fröhlich alegre
Frucht fruita
Frühling primavera
frühstücken berenar
fühlen sentir
fünf cinc
fünfzehn quinze
fünfzig cinquanta
Funktion funció
Fuß peu (m)
Fußboden terra (m)

G

Gabel forqueta
ganz totalment
gar nicht gens (no ... gens)
Garage garatge (m)
Garten jardí (m)
Gas gas (m)
geben donar
Gebirge muntanya
Gebirgspaß coll (m)
gebraten frit
Geburtstag aniversari (m)
gefallen agradar
Gefallen favor (m)
gegen contra
gehen anar; caminar
gekocht bullit (-ida)
gelb groc, groga
Geld doblers (m, Mz)
Geldschein bitllet (m)
Gemüse verdura
genug prou
Genuß gust (m)
Gepäckaufbewahrung consigna
gerade getan haben acabar de
geradeaus recte
Geruch olor (w)
Geschäft tenda
Geschmack gust (m)
Gesellschaft societat (w)
Gesicht cara
gestern ahir
Getränk beguda
gewinnen guanyar
Glas vidre (m) *(Material)*; copa *(mit Stiel)*; tassó (m) *(ohne Stiel)*
Glas Bier vom Faß canya
glauben creure
gleich ara mateix
Glück sort (w)
glücklich feliç
Gott Déu
Gottesdienst missa
Grad grau (m)
Gramm gram (m)
grau gris
Grillfleisch bistec (m)
groß gros, grossa
großer Topf olla
Großvater padrí [pradí]

grün verd
grüßen saludar
Gummi goma
gut bo, bon *(Adjektiv)*; bé, ben *(Adverb)*

H

Haar cabell (m)
haben tenir; haver *(Hilfsverb)*
Hähnchen pollastre (m)
halb mig (m)itja
Hallo! hola!; uèp!
Hals coll (m)
Haltestelle parada
Hand mà (w)
Handtuch tovallola
hart dur, dura
häßlich lleig
Haus casa
Haus von ... ca, ca'
Haut pell (w)
he! ep!
heilen curar
heilig sant
Heizung calefacció
helfen ajudar
hell clar
Hemd camia
Henne gallina
herausholen treure
Herbst tardor (w)
Herr senyor
Herz cor (m)
heute avui
hier aquí
Himmel cel (m)
hinabsteigen davallar
hinaufsteigen pujar
hinausgehen sortir
hineingehen entrar
Hinfahrt anada
hinlegen posar
hinstellen posar
hinter darrere
hinterher després
hinzufügen afegir (afegesc, afegeixes, ...)
Hitze calor (w)
hoch alt
Holz fusta
hören sentir
Hose calçons (m, Mz)
Hosentasche butxaca
Hotel hotel
Hund ca (m)
hundert cent
Hunger gana
Husten tos (w)
Hut capell (m)

I

ich jo
Idiot idiota (m)
ihr (Besitz) voltros
immer sempre
in a; dins
in der Nähe a prop
in Ordnung bringen arreglar
inbegriffen inclòs
Innenhof pati
interessant interessant
irgendein qualsevol
irren, sich equivocar-se

J

ja sí
Jacke giqueta
jagen caçar
Jahr any (m)
Januar gener (m)
je nach segons
jeder cada
jemand qualcú [colcú]
jener aquell
jenseits enllà
jetzt ara
Juli juliol (m)
jung jove (m/w)
Junge al.lot (m)
Junggeselle fadrí [fradí]
Juni juny (m)

K

Kaffee cafè
kalt fred
kämmen pentinar
kaputt espenyat
kaputtmachen malbé (fer)
Karte targeta
Kartoffel patata
Kasse caixa
kassieren cobrar
Kastell castell (m)
katalanisch català
Kathedrale seu (la Seu – in Palma)
Katze moix (m)
kaufen comprar
Kaufhaus magatzem (m)
kaum a penes

kein cap (no ... cap)
keine Ursache! de res!
Kellner cambrer (m)
kennen conèixer
Kilo quilo (m)
Kilometer quilòmetre (m)
Kind nin, nina
Kino cinema (m)
Kirche església
Kleidung roba
klein petit
klingeln sonar es timbre
Kneipe bar (m)
Knochen os (m)
Koffer maleta
Kohle carbó
kommen venir
können poder; saber [sêbre] *(wissen)*
Kopf cap (m)
Korb senalla (w)
Korn gra (m)
Körper cos (m)
kosten costar
Kraft força
krank malalt
Krawatte corbata
Kreuz creu (w)
Krieg guerra
Küche cuina
Kugelschreiber bolígraf (m)
Kuh vaca
Kühlschrank gelera (m)
Kuli boli (m)
kurz curt
Kuß besada

L

lachen riure
Lampe llum (m)
Landkarte mapa (m)
Landstraße carretera
lang llarg
lange molt de temps
langsam lent *(Adjektiv)*; a poc a poc *(Adverb)*
langweilig avorrit
Lärm renou (m)
lassen deixar
lästig pesat (-ada)
Leben vida
leben viure
lebendig viu
lehren ensenyar
Lehrer mestre (m)
leicht lleuger
leiden patir (patesc, pateixes, ...)
leider malauradament
Leitung direcció (w)
Lektion lliçó (w)
lernen aprendre
lesen llegir (llegesc, llegeixes, ...)
letzter darrer
Leute gent (w)
Licht llum (w)
lieben estimar
Lied cançó (w)
links a l'esquerra
Liter litre (m)
Loch forat (m)
Löffel cullera
Luft aire (m)
Lüge mentida
Lust ganes (w, Mz)
lustig graciós

M

machen fer
Macht poder (m)
Mädchen al.lota (w)
Mahlzeit àpat (m)
Mai maig (m)
Mal pic (m)
mal sehen; zeig mal! mem (m)eam
malen pintar
man muß cal
manchmal de vegades
Mann homo (m)
Mantel abric (m)
marschieren marxar
März març (m)
Maschine màquina
Mechaniker mecànic (m)
Meer mar (w)
Mehl farina
mehr més
mehr als més de
mehr oder weniger més o manco
mein meu
Messer guinavet (m)
Metall metall (m)
Meter metre (m)
mieten llogar
Milch llet (w)
Million milió
Minute minut (m)
mit amb
mitnehmen endur-se
Mittag essen, zu dinar
Mittwoch dimecres (m)
Möbel moble (m)
Mode moda
Mole (Hafenmole) moll (m)
Moment moment (m)

Monat mes (m)
Mond lluna
Montag dilluns (m)
morgen demà
Morgen matí (m)
Motor motor (m)
Motorrad moto (w)
müde cansat, -ada
Müdigkeit son (w)
Mühle molí (m)
multiplizieren multiplicar
Mund boca
Musik música
Mutter mare (w)

N

nach a, cap a *(örtl.)*; desprès de *(zeitl.)*
Nachmittag tarda
Nachname llinatge (m)
Nacht nit (w)
Nachtisch postres (w, Mz)
Nadel agulla
Nagel clau (m)
nahe bei prop de
nähen cosir
Name nom (m)
Nase nas (m)
naß banyat, -ada
naß machen banyar
natürlich natural
neben al costat de; devora
Neffe nebot (m)
nehmen prendre; agafar *(in die Hand)*
nein! no!
Nerv nirvi (m)
neu nou, nova
neun nou
neunzehn denou
neunzig noranta
nicht no
nicht mehr ja no
nicht sehr gaire (no … gaire)
nicht wahr? no és vera?
nichts res
nie mai (no … mai)
niedrig baix
niemand ningú
nirgends enlloc (no … enlloc)
noch encara
noch nicht einmal ni
notieren apuntar
nötig sein caldre
nötig, es ist … daß cal
Notiz notícia [notioi]
November novembre (m)
null zero
Nummer número (m)
nur només

O

oben dalt
oder o
öffnen obrir
ohne sense
Ohr orella
Oktober octubre (m)
Öl oli (m)
Omelett truita
Onkel onclo (auch: conco, blonco)
Ort lloc (m)

P

Paket paquet (m)
Papier paper (m)
Parkplatz aparcament (m)
passieren passar
Person persona
Pfahl pal (m)
Pferd cavall (m)
Pflanze planta
pflanzen plantar
Plastik plàstic
Platte disc (m)
Platz plaça
Polizei policia
Post correus (m, Mz)
Postkarte postal (w)
Präsident president (m)
Preis preu (m)
Priester capellà (m)
probieren provar
Prüfung examen
Punkt punt (m)

Q & R

Quelle font (w)
Rad roda
Radio ràdio (w)
rasieren, sich afaitar-se
raten endevinar
Rathaus ajuntament (m)
Rauch fum (m)
rauchen fumar
Raum sala
rechnen comptar
Rechnung compte (m)
Recht dret (m)
recht haben tenir raó
rechtzeitig a temps
Regenschirm paraigua (m)
Regierung govern (m)
regnen ploure
reich ric
Reis arròs (m)
Reise viatge (m)
rennen córrer
retten salvar
richtig correcte
Richtung direcció (w)
Rock faldilla
Rohr tub (m)
Roséwein vi rosat
rot vermell
Rotwein vi negre
Rücken esquena
Rückfahrt tornada
rückwärts enrere
rufen cridar
ruhig tranquil
rund rodó

S

Sache cosa
Sack sac (m)
Saft suc (m)
sagen dir
Salat (angemachter) trempó
Salz sal (w)
Samstag dissabte (m)
sauber net
schade llàstima
Schatten ombra
scheinen parèixer
Scheiße merda
schenken regalar
Schere tisores (w, Mz)
Scherz broma
schicken enviar
schießen tirar
Schiff vaixell (m)
Schinken cuixot (m)
Schlaf son (m)
schlafen dormir
Schlag cop (m)
schlagen pegar
schlecht mal; dolent
schließen tancar
Schlüssel clau (w)
schmutzig brut
Schnee neu (w)
schneiden tallar
schnell ràpid; aviat
Schokolade xocolata
schon ja
schon gut! està bé!
schon verstanden! ja!
schön bonic
Schrank armari (m)
schreiben escriure
Schreiner fuster
Schritt pas (m)
Schuh sabata
schulden deure
Schule escola
Schwanz coa (w)
schwarz negre
schweigen callar
schwer pesat (-ada) *(Gewicht)*
Schwester germana (w)
sechs sis
sechzehn setze
sechzig seixanta [xixanta]
Seele ànima
sehen veure
sehr molt
Seife sabó (m)
sein esser; estar
sein (Besitz) seu
seit des de
Seite costat
Sekunde segon (m)
selbst mateix
selbstverständlich! és clar!
seltsam estrany
senken rebaixar
September setembre (m)
Service servici (m)
servieren servir (servesc, serveixes, ...)
sicher segur
Sie vostè
sieben set
siebzehn desset
siebzig setanta
singen cantar
sitzen seure
so així

so sehr tan
so viele tants
so wie tal com
soviel tant
sofort de seguida
Sohn fill (m)
Soldat soldat (m)
Sommer estiu (m)
Sonne sol (m)
Sonntag diumenge (m)
spanisch espanyol
Sparkasse caixa
spät tard
spazierengehen fer un passeig
Speiseeis gelat (m)
Speisesaal menjador (m)
Spiegel mirall (m)
Spiel joc (m)
spielen jugar; tocar *(Instrument)*
Spitze punta
Sprache llengua (llengo)
sprechen xerrar
springen saltar
Stachel punxa
Stadt ciutat (w)
Stadtplan plànol (m)
Stadtviertel barriada (w)
stark fort
Staub pols (w)
Stein pedra
Stern estrella
Steuern imposts (m, Mz)
Stimme veu (w)
Stockwerk planta
stören molestar
Strafe càstig (m)
Strand platja
Straße carrer (m)
Straßenbahn tramvia (m)
Streik vaga
streiten, sich barallar-se
Stroh palla
Strumpf calcetí (m)
Stück peça; tros (m)
studieren estudiar
Stuhl cadira
Stunde hora
suchen cercar
Supermarkt supermercat (m)
Suppe sopa
süß dolç

T

Tabak tabac (m)
Tag dia (m)
Tank dipòsit
Tante tia
tanzen ballar
tapfer valent
Tasche bossa
Taschentuch mocador (m)
tausend mil
Taxi taxi
Teil part (w)
Telefon telèfon
Teller plat (m)
teuer car
tief fondo
Tier animal (m)
Tisch taula
Toilette wàter
Toiletten servicis (m, Mz)
Topf (großer) olla
töten matar
tragen dur
Traum somni (m)
traurig trist
trennen separar
Treppe escala
trinken beure
Trinkgeld propina
trocken sec
trocknen eixugar
Tür porta

U

über sobre
Überfall atracament (m)
übrigens per cert
Uhr rellotge (m)
um zu per a
umfallen tombar
Umwelt medi ambient (m)
und i
uns mos
unser nostro (es nostro)
unten a baix
unter davall
Unterschied diferència
unterschreiben firmar
Urlaub vacances (w, Mz)

V

Vase gerro (m)
Vater pare (m)
verabreden, sich quedar
verbinden lligar
verbrauchen gastar
verheiratet casat (-ada)
verkaufen vendre
verlieren perdre
Vernunft raó (w)
versichern assegurar
versprechen prometre
verstecken amagar
verstehen entendre
verteilen repartir (repartesc, reparteixes, ...)
verzeihen perdonar
Verzeihen Sie! perdoni!
viel molt de
vielleicht potser
vier quatre
Viertel quart (m)
vierzehn catorze
vierzig quaranta [coranta]
Vogel ocell (m)
Volk poble (m)
voll ple
von de, d'
vor davant *(räuml.)*
vorbereiten preparar
vorgestern abans-d'ahir
vorher abans
Vorsicht! Alerta!
vorwärts envant

W

Wachmann guàrdia (m)
Waffe arma
Wagen carro (m)
Wahrheit veritat (w)
Wald bosc (m)
Wand paret (w)
wann? quan?
warm calent
warten esperar
Warteschlange coa (w)
warum? per què?
was? què?
was für ein ...! quin ...!
waschen rentar
Wasser aigua [aigo]
wechseln canviar
Wechselstube canvi (m)
weder ... noch ni ... ni
Weg camí (m)
weggehen anar-se'n; marxar
weh tun fer mal
weich moll; tou, tova
weil perquè
Wein vi (m)
weinen plorar
weiß blanc
Weißwein vi blanc
weit enfora
welcher? quin?
Welt món (m)
wenden voltar
wenig poc
weniger manco
wenn quan
wer? qui?
werfen llençar
Werkstatt taller (m)
Werkzeug eina
wert sein valer
Wetter temps (m)
wichtig important
wie(?) com(?)
wiegen pesar
wieviel? quant?
Winter hivern (m)
wir noltros
wissen saber [sêbre]
wo? on?
Woche setmana
Wohnung pis (m)
Wohnwagen rulot (w)
Wohnzimmer menjador (m)
Wolke nigul (m)
wollen voler
Wort paraula
Wörterbuch diccionari (m)
wünschen desitjar

Z

Zahn dent (w)
zehn deu
zeichnen dibuixar
Zeit temps (m)
Zeitung diari (m)
Zelt tenda de campanya
Zentimeter centímetre (m)
zerbrechen trencar
Zeuge testimoni (m)
ziehen tirar, estirar
ziemlich bastant; força
Zigarrette cigarret (m); tabac (m)
Zimmer habitació
zu a *(örtl.)*
zu Hause (bei mir) a ca (meva)
zu viel massa
Zucker sucre (m)
zufrieden content
Zug tren (m)
zugleich alhora
zuhören escoltar
Zunge llengua (llengo)
zurückkehren tornar
zusammen junts
zwanzig vint
zwei dos, dues
Zwiebel ceba
zwischen entre
zwölf dotze

Der Autor

Hans-Ingo Radatz (*1961) wohnt in Frankfurt am Main und ist wissenschaftlicher Mitarbeiter am Lehrstuhl für romanische Sprachwissenschaft an der TU Chemnitz. Er hat an den Universitäten von Hannover, Bangor (Wales) und Frankfurt am Main Sprachwissenschaft und Sprachen studiert, wobei sein besonderes Interesse den kleineren europäischen Sprachen wie Katalanisch, Okzitanisch, Walisisch und Bretonisch gilt. Da er mit einer Mallorquinerin verheiratet ist, hat er auch familiäre Bindungen nach Mallorca.

Malgrat el seu títol aquest llibret no pretén difondre l'ideologia d'una llengua mallorquina independent de la catalana. Ensenya el català de Mallorca, tot deixant clar que es tracta aquí d'una varietat parlada de la llengua que en la seva forma escrita és coneguda internacionalment sota el nom de català. El dedic a tots els mallorquins, sigui la que sigui la seva llengua.

„Touristen sehen sich generell mit der Gefahr konfrontiert, durch ihre bloße Anwesenheit den Charme des Ortes zu zerstören, den sie lieben. Um wieviel mehr das bei einem Massentourismusziel wie Mallorca gilt, kann man sich leicht ausmalen. Nun sind die Mallorquiner zwar kein schutzbedürftiger Indianerstamm, sondern extrem anpassungsfähige Kosmopoliten – doch liegt vielleicht gerade hierin die Gefahr, denn sie sind nur allzuleicht bereit, im Namen der internationalen Verständigung zu simplen ‚Spaniern' zu mutieren und alles Eigene aufzugeben. Es scheint mir daher wichtig, daß deutsche Mallorca-Liebhaber möglichst viel von ‚ihrer' Insel wissen, insbesondere, daß man Mallorca nur über eine Kenntnis des Katalanischen wirklich verstehen kann. Dieses Büchlein verstehe ich als einen bescheidenen Beitrag zu diesem Ziel."